歴メシ！

世界の歴史料理をおいしく食べる

遠藤雅司（音食紀行）

柏書房

はじめに

はじめまして。歴史料理研究家の遠藤と申します。世界じゅうの様々な時代の料理と音楽を現代にお届けするプロジェクト「音食紀行《おんしょくきこう》」を主宰しています。このプロジェクトは、歴史的な文献から再現した料理の実食を柱にしており、イベントではそうした「歴史料理」をお出ししています。

料理に「歴史」とつくと、何だか難しそうと思われるかもしれません。でも、そうではありません。歴史上の人物が遺《のこ》した記録を手掛かりに料理を作ってみると、不思議と彼らの息づかいが聞こえてくるような気がして、縁遠かった歴史も身近に感じられるようになってきます。イベントを重ねるうち、より多くの人にこの面白さを感じてほしいと思い、本書『歴メシ！』の執筆に至りました。

この本のコンセプトは、歴史の流れのなかで失われた、あるいは失われつつあるレシピを資料・文献をもとに再現し、その料理から各時代の食文化や人びとの生活を感じていただこう、というものです。

「再現」というのは厄介なものです。「完璧な再現」には気が遠くなるほどのお金と時間がかかり、料理ができても現代人の味覚に合うとは限りません。そこで本書では「かんたんでおいしい再現料理」を目指しました。手軽でおいしく、それぞれの時代を想像し、楽しんでもらえるような料理——それが歴メシなのです。

本書では、オリエント&ヨーロッパ世界に存在した、8つの時代の歴史料理をご紹介いたします。各章の前半では5品のレシピを掲載し、章後半では当時の食文化や逸話、紹介した料理の背景や再現過程を解説いたします。まずは料理をおいしくめしあがっていただき、それから、その時代の食事情を知っていただこうというわけです。

原則として、料理は現存する歴史的資料をもとに再現しています。原典に忠実に作ってみて、完成したものがおいしければ、手を加えずそのまま本書のレシピに採用しています。ちょっとキビシイな……という場合には、当時の食材や調理法を生かして時代の雰囲気はそのままに、現代人向けにアレンジしました。入手困難、もしくは高価な食材については、類似した身近な食材で代用しています。

料理にはその時代の人びとの生活が反映されています。「歴メシ」を作って、そして食べてみれば、カエサルやソクラテス、レオナルド・ダ・ヴィンチ、マリー・アントワネットといった世界史のスーパースターと、同じ空間にいるような不思議な気持ちになれるはずです。私たちは過去には戻れませんが、料理というタイムマシンにのれば、悠久《ゆうきゅう》のときを気分の赴《おもむ》くままに旅することができます。

さて、そろそろ時間です。料理を通じてその時代の生活に思いを馳《は》せ、様々な饗宴の場面にタイムトリップいたしましょう。ごちそうがあなたを待っています。

それでは、出発です！

目次 CONTENTS

※レシピ内の材料表記は、大さじ1＝15㎖、小さじ1＝5㎖です。
※本文中の引用については、読みやすさを考慮し、表記を一部変更しています。また、「＊」マークが付記された引用文は著者の訳によるものです。

chapter.1

ギルガメシュの計らい

古代メソポタミア
（紀元前3000～紀元前400年頃）

調味料がなくてもおいしい料理は作れる！
世界最古の文明人が編み出した減塩メシが、
5000年のときを超えて今、よみがえる。

MENU

古代小麦とラム肉のシチュー

上品な野菜だしがラム肉の旨味を引き出す！
5000年の時を超えてよみがえる古代シチュー

材料 4人分

ラム肉 ═ 200g
エンマー小麦
（デュラム小麦でも可）═ 50g
セモリナ粉 ═ 20g
にんじん ═ 80g（½本）
クミン粉 ═ 大さじ1
コリアンダー粉 ═ 大さじ1
ミント ═ 1枝
にんにく ═ 1片
水 ═ 600mℓ
メソポタミア風だし ═ 600mℓ
- 水 ═ 1.2ℓ
- クレソン ═ 50g（½本）
- きゅうり ═ 100g（1本）
- フェンネル粉 ═ 大さじ1
- クミン粉 ═ 大さじ1

つくり方

1 メソポタミア風だしを作る。鍋に水を入れて、ざく切りしたクレソン、きゅうり、フェンネル粉、クミン粉を入れて水が半量になるまで弱火で煮込む。

2 ラム肉、にんじんを一口サイズに切る。にんにくをすり潰す。

3 鍋に水と 1 を入れて、ラム肉、クミン粉、コリアンダー粉、セモリナ粉、エンマー小麦、にんにく、にんじん、ミントを入れ火にかける。

4 沸騰したらアクをとり、弱火で30分煮込む。

5 適度にとろみが出てきたら完成。

3

point
紀元前4世紀頃のメソポタミア文明には「野菜だし」が存在した。1 で、残り物の野菜クズもいっしょに煮込めば、味にいっそうの深みが出る。

アカル（ビール風味のパン）

濃厚なコクとしっかりした食感がクセになる！

材料

エンマー小麦
（デュラム小麦でも可）＝200g
セモリナ粉＝200g
薄力粉＝200g
ハチミツ＝適量
塩＝適量
ビール＝350mℓ（1缶分）

つくり方

1 エンマー小麦、セモリナ粉、薄力粉をボウルに入れる。続いてハチミツ、塩をボウルに加える。

2 1にビールを注ぐ。

3 木べらで粉っぽさがなくなるまでよくかき混ぜる。

4 耐熱容器に移し、オーブンを180℃にあたためて、40〜50分焼き上げて完成。

point

直径12〜15cmにふくらむので、ナイフで6〜8等分に切って食べるのがちょうどいい。生地はハチミツ入りだが、さらに甘味がほしい人は「追いハチミツ」をお好みでどうぞ。

レンズ豆と麦のリゾット

鶏肉の旨味とビールのコクがベストマッチ

材料 4人分

鶏肉 ＝ 200g
レンズ豆 ＝ 30g
大麦 ＝ 50g
長ネギ ＝ 100g（1本）
タマネギ ＝ 100g（½個）
にんにく ＝ 1片
ミント ＝ 適量
塩 ＝ 適量
ディル ＝ 1枚
ローズマリー ＝ 1枝
水 ＝ 1ℓ
ビール ＝ 100mℓ
赤ワインビネガー ＝ 50mℓ

つくり方

1. 鶏肉を一口大に切って冷水で洗い、キッチンペーパーで水気をとり、ミントと塩をすり込んだ後、冷蔵庫で1時間寝かす。
2. 鍋に水と1を入れ、弱火で約30分煮込む。
3. 2に赤ワインビネガーを入れ、刻んだディル、ローズマリーを入れる。
4. 長ネギ、にんにく、タマネギのみじん切りを加える。
5. レンズ豆と大麦と塩を入れ、さらにビールを加えて煮込む。
6. 鶏肉が煮上がって水気がとんだら、皿に盛りつける。
7. 最後にミントを散らして完成。

かぶの煮込みスープ
アツアツの大麦団子にヤケド注意！

材料 4人分

かぶ ＝ 80g（1個）
長ネギ ＝ 100g（1本）
タマネギ ＝ 100g（½個）
ルッコラ ＝ 30g
コリアンダー粉 ＝ 大さじ4
にんにく ＝ 1片
メソポタミア風だし ＝ 650mℓ
- 水 ＝ 1.3ℓ
- クレソン ＝ 50g（½本）
- きゅうり ＝ 100g（1本）
- フェンネル粉 ＝ 大さじ1
- クミン粉 ＝ 大さじ1

粒団子
- 大麦（片栗粉でも可）＝ 50g
- 薄力粉 ＝ 50g
- メソポタミア風だし ＝ 上記

つくり方

1. かぶをさいの目、長ネギを輪切り、タマネギを一口サイズ、ルッコラをざく切りにし、にんにくをすりおろす。
2. 鍋に水と1の食材、コリアンダー粉、メソポタミア風だし600mℓ（8ページ参照）を入れる。
3. ボウルに大麦、薄力粉、メソポタミア風だし50mℓを入れて粒団子を作る。
4. 粒団子を鍋に入れて煮込む。
5. かぶに竹串が刺さるくらい火が通ったらできあがり。

メルス（古代メソポタミア風ガレット）

ドライフルーツ&にんにく入りの古代スイーツ

材料 4〜8人分

薄力粉 ― 80g
セモリナ粉 ― 20g
なつめやし ― 10g
ピスタチオ ― 10g
干しイチジク ― 5g
干しぶどう ― 5g
干しりんご ― 5g
ハチミツ ― 適量
クミン粉 ― 大さじ1
コリアンダー粉 ― 大さじ1
にんにく ― 1片
サラダ油 ― 適量
バター ― 5g
水 ― 50mℓ
ビール ― 20mℓ
牛乳 ― 30mℓ

つくり方

1 ボウルに薄力粉、セモリナ粉、水、ビール、牛乳を入れ、刻んだなつめやし、ピスタチオ、干しイチジク、干しぶどう、干しりんご、みじん切りにしたにんにく、ハチミツ、クミン粉、コリアンダー粉を加えて、混ぜ込む。

2 フライパンかホットプレートにサラダ油をひいて、1を入れて焼き上げる。片面が焼けたら、ひっくり返してもう片面を焼き上げる。火が通ったら表面にバターを塗って完成。

point
メルスは、「かき混ぜる」の意味。転じて、小麦粉と水、フルーツを入れて作る焼き菓子の名称になった。ハチミツをかけてもおいしい。

chapter.1

ギルガメシュの計らい

古代メソポタミア
（紀元前3000～紀元前400年頃）

文明人の証し

古代メソポタミア――。口にするだけで、不思議と胸が高鳴る時代です。しかし、具体的な情報となると「楔《くさび》形文字」「ハンムラビ法典」「ギルガメシュ叙事詩」といった断片的なワードしか浮かばない人は多いのではないでしょうか。ましてや、食生活となるとどうでしょう。そもそも、古代メソポタミアの人びとは料理らしい料理を食べていたのか？　原始的な食事しかしていなかったのではないか？　そんな疑問が浮かぶかもしれません。

結論からいえば、メソポタミア人は、工夫された調理法をいくつも発明し、なかなかにグルメな食生活を送っていました。彼らの生活の中心には、パンとビールがありました。これらは単なる食物ではなく、「調理」を経て作られた、古代メソポタミア

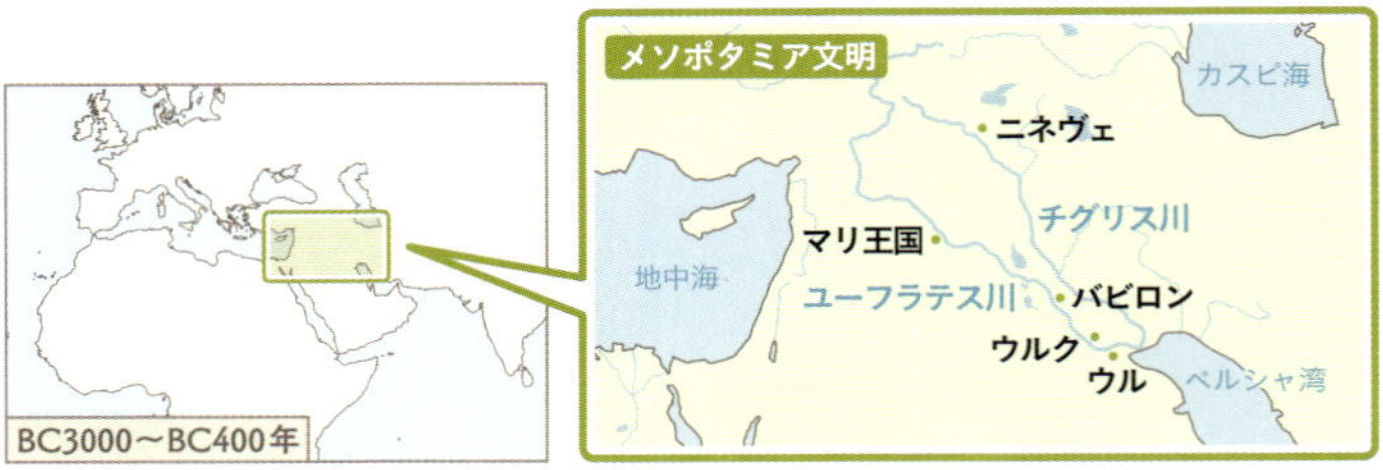

文明を象徴する「料理」です。

オリエント世界最古の叙事詩『ギルガメシュ叙事詩』には、このパンとビールにまつわる逸話が残されています。以下、『ギルガメシュ叙事詩』の冒頭をかんたんにご紹介します。

古代都市ウルクの王・**ギルガメシュ**は横暴なふるまいで人びとを困らせていました。メソポタミアの神々はギルガメシュを鎮《しず》めるため彼に友人を与えることにし、泥から野人エンキドゥを作り出します。ギルガメシュは荒野で獣のように暮らすエンキドゥの話を聞き、彼に興味を抱きます。そこでギルガメシュはエンキドゥを連れてくるよう、遊女に命じました。エンキドゥはギルガメシュのもとへ向かう途中、遊女から着衣や食事を教わります。文明を知ったエンキドゥはウルクの街でギルガメシュと出会い、2人はたちまち親友になりました。

これ以降ギルガメシュとエンキドゥの物語が続くのですが、そろそろ本題の食事に戻りましょう。エンキドゥが遊女から教えてもらった食事、これがまさしくパンとビールでした。2人がウルクに到着する前に訪れた羊飼いの家で差し出されます。

彼は目を細めて、眺めてみたが、［それが何か］エンキドゥにはわからなかった。
パンを食べることも、ビールを飲むことも、彼は教えられていなかった。

（『ギルガメシュ叙事詩』）

ギルガメシュ

古代メソポタミアの伝説的な王。ウルク第1王朝の5代目の王とされる。写真右側で獣と戦っているのがギルガメシュ。左は野人エンキドゥ。

野人エンキドゥにとっての食事は野草や獣の乳でした。未知の食物に戸惑うのは野生の本能です。遊女はエンキドゥにこう呼びかけます。

「エンキドゥ、パンをお食べ。それが生きるしるしです。ビールをお飲み。それが国のならわしです」

(『ギルガメシュ叙事詩』)

こういわれたエンキドゥは、一度口をつけるとそのおいしさに魅了され、満腹になるまでパンを食べ、壺《つぼ》で7杯もビールを飲みます。

この一連の物語は、エンキドゥが食事によって「野人」から「文明人」になる過程を表しているといわれています。野草や動物の乳と違い、人間の手によって生まれるパンとビールは文明人の証《あかし》でした。古代メソポタミア人にとっては単なる食糧以上の存在であったことが神話からも読み取れます。

ギルガメシュの食卓

さて、古代メソポタミアの食文化をもう少し広い視野でみていきましょう。現在のイラクとシリアにあたるメソポタミア地域は、もともとは塩分の多い不毛の湿地帯で、

古代メソポタミア

前3000頃	シュメール文明成立
前2600頃	ウルク第1王朝の王にギルガメシュが即位
前2000年紀前半	『ギルガメシュ叙事詩』の原型が書かれる
前1894	バビロン第1王朝成立
前1700頃	ハンムラビ法典制定
前715頃	アッシリアがオリエント統一
前625頃	新バビロニアが独立
前330頃	アレクサンドロス大王がオリエント全域を征服

人びとは塩害に強いなつめやしを栽培し、川魚を食べて生活していました。ところが灌漑《かんがい》・排水技術の伝来がイノベーションとなって、メソポタミア地域は一大農業地帯に変貌します。やがて人口が増え、シュメール、アッカド、バビロニアなど高度な都市文明が生まれ、約3000年にわたって繁栄しました。

人工灌漑の恩恵を受けて、紀元前3000年頃にはメソポタミア全域で農耕栽培が行われていました。乾燥した高地の北部では小麦が栽培され、寒冷な冬に備えてりんごや果実が植えられていました。高温多湿の南部で栽培されていたのは、米、大麦、果樹、**野菜**、豆類です。農地に適さない荒地や休耕地では、羊や山羊《やぎ》、牛や豚などの家畜が飼育されました。鳥肉も食べられており、特にガチョウやアヒルなどの水鳥、野鳩やキジバトなどはごちそうとされていたようです。

王宮で食された食料・料理の記録も一部残っています。紀元前700年頃、メソポタミア北部に栄えた新アッシリアで催された宴会では、牛の肩肉、魚のオーブン焼き、牛6頭分の食肉、肉の塊の塩漬け、ガチョウ10羽、アヒル10羽、キジバト100羽などが用意されていました。紀元前20～紀元前18世紀頃にあったマリ王国の宮殿文書には、植物油、ハチミツ、ゴマなどの調味料の記述が残っています。ウルクの王・ギルガメシュの食生活にかかわる直接的な記録はありませんが、これらに近い豪勢な食卓を楽しんだのではないでしょうか。

野菜

古代メソポタミアではネギ、にんにく、キュウリ、かぶがとれた。当時はビタミン欠乏症で死亡者が多く、古代メソポタミア人は野菜がその予防・治療になるのを経験で知っていたようだ。野菜は健康食品としての価値が広く知られ、都市部では高値で取引された。

ビヤ樽よ！

メソポタミアの食文化を語る上で外せないのが、エンキドゥも楽しんだビールです。メソポタミア人は麦芽からビール醸造用のパンであるバッピル（ビールブレッド）を作り、そのバッピルを水と混ぜて自然発酵を促しビールを醸造していました。現在のビールとは違い、アクの強いにごり酒で、表面には麦の殻が浮いていました。アルコール度数も相当低かったといわれています。メソポタミア人は3度の食事すべてをビールとともに楽しむほどのビール好きだったと伝えられ、それを裏づけるようにこんな詩が残されています。

ビヤ樽《だる》よ！　ビヤ樽よ！　魂に至福をもたらすビヤ樽よ！　心を喜びで満たす高杯よ！　欠かすことのできぬゴブレットよ！　ビールを満たしたグラスよ！（中略）私はビール作りと酌取《しゃくと》りを呼び寄せよう！　車座《くるまざ》に集うあなた方に、ビールをたくさんふるまうために！　何という喜び！　何という悦楽！　満足しきってビールの香りを吸い込み、この高貴な液をたっぷり口に流し込むと、心に歓喜が満ち魂は輝きに燃える。

（『最古の料理』）

宴の様子を描いた粘土板。右上には、2人の人間がストローのようなチューブ状のものでビールを飲んでいる様子が確認できる。

ビールは王や貴族階級だけでなく、庶民にも愛飲されていました。メソポタミア文明の後期には居酒屋文化も生まれ、人びとは労働の後に立ち寄ったようです。もしかしたら彼らも「とりあえずビール」のかけ声で1日の疲れを癒していたのかもしれません。

粘土板レシピに挑戦

ここまで、古代メソポタミアでどのような食材や料理が存在したのかを紹介してきました。これからは、文献をもとに、章のはじめに紹介した5品の料理をどのように再現したのか、そして各料理にどんな由来、背景があるのかを説明します。

古代メソポタミアのいわゆる「レシピ」に相当する一次資料はたいへん希少です。現存するレシピは、宮廷内で供されていた高級料理についての記述で、なかでもずば抜けて多くの情報をもたらしてくれるのが、イェール大学が保管する3枚の粘土版です。紀元前1600年頃にバビロニアで作られたレシピであることが、1980年代に判明しました。

アッシリア学の第一人者であるジャン・ボテロがこのイェール大学所蔵の粘土板をはじめとする古代メソポタミアのレシピを解読し、著作『最古の料理』に記しています。この本を参照しながら、メソポタミア料理を再現してみます。

バビロニア宮廷のレシピが刻まれた粘土板。楔形文字で刻まれている。(Yale Babylonian Collection所蔵)

≈1≈古代小麦とラム肉のシチュー

古代メソポタミアの煮込み料理には驚くべきことに、日本でいうところの「野菜だし」が使われていました。ウルク神殿跡から発掘された、紀元前4世紀の粘土板には、「メソポタミア風だし」のレシピが残されています。少々読みにくい文章ですが、原文を引用します。

炒《い》ったういきょう粒が必要である。炒ったクレソン粒が必要である。炒ったねなし葛粒《かずら》が必要である。炒ったクミン粒が必要である。お前は（生の）ねなし葛を入れた水6ℓで長時間煮て、そこに適量の（逐語的には15g）きゅうりを加える。1ℓになるまで煮つめ、次にろ過する。そこでお前は（肉を料理するための動物を）屠《ほふ》り、（煮込むためこのスープに）投げ入れる。

（『最古の料理』）

ういきょう（フェンネル）、クレソン、きゅうりといった野菜で、だしをとっているのがわかります。当時のレシピにはコショウの記述はありませんでした。しかし、野菜を長時間煮込んで作る野菜だしを使うことで、古代メソポタミア人は肉や野菜の味を引き出していたのでしょう。

さて、古代小麦とラム肉のシチューです。この料理は、イェール大学所蔵のレシピ集に記載されています。ラム肉を煮込んだものに小麦を入れ、とろみを加えた煮込み料理です。上述のだしを作っておき、ラム肉、にんじん、コリアンダー粉、古代メソポタミアで栽培されていたとされるエンマー小麦（ネット通販で入手可）を煮つめて作ります。だしのおかげで食材の味が引き出され、上品な味わいが楽しめます。

≈2≈アカル（ビール風味のパン）

すでに述べたように、パンは古代メソポタミアで常食として広く食べられていました。少なくとも7種類のパンの存在がわかっています。たとえば、陶器製の型に生地をつめ込み、かまどの上に並べて焼き上げる「型抜きパン」、無発酵の生地を平たく伸ばして、かまどの内側にはりつける「無発酵パン」。前述の「バッピル」は、ビールを作るための「醸造用パン」にあたります。

再現するパンは、生地にビール酵母を加え、発酵させたのちにオーブンで焼く「発酵パン」です。材料は小麦、大麦、そしてビールです。できるだけメソポタミアで使われていた原料に近い食材で作ってみましょう。

小麦は、エンマー小麦が適役です。近代になって再び栽培されるようになりました。

獣の形を模したパンの型抜き。紀元前30〜紀元前20世紀に栄えたマリの時代のものとみられる。

大麦は挽《ひ》き割りされたという記録があるので、粗めの穀粉であるセモリナ粉（ネット通販で入手可）を使用します。「つなぎ」として薄力粉も混ぜるのが、上手に作るコツです。練り上げたパン生地に市販のビールを加えてオーブンで焼けば完成です。

ベーグルのようなしっかりとした食感がクセになります。これをメソポタミア人は毎日のメニューとし、さらに備蓄食や旅行に持っていく携帯食にしていました。

≈３≈ レンズ豆と麦のリゾット

この料理はメソポタミアに多く生息した鳥であるヤマウズラを使った料理ですが、鶏肉全般で応用できます。イェール大学所蔵の粘土板レシピには、読み手に呼びかけるように次のように書かれています。

> **もしもお前が［　］のためにヤマウズラを調理しようと思うなら、お前は鳥を切り分けたっぷりの水で洗い、全部を銅鍋のなかに入れなさい。火からおろしたら冷水で洗う。そこに「酢」を注ぎかけ、ミントと塩を合わせてすり潰し、鳥に十分すり込む。（引用者注・［　］内は未解読の箇所）**
>
> **（『最古の料理』）**

バビロニアの都市のものとされる粘土板。儀式で神にささげるビールや食事のリストがシュメール語とアッカド語で書かれている。

鶏肉をミントと塩と酢で味つけをしているのがわかります。再現料理では下味をしっかりつけるために、ミントと塩をすりこんで寝かせた後に鍋で煮込み、赤ワインビネガーをかけました。レシピには続きがあり、煮込み料理や塩漬け肉、ソースなど調理のバリエーションが示されています。そのなかからお粥《かゆ》を作ってみます。

さやから外したレンズ豆を、碾《す》いてもらったものをふるいにかけ、一方で粒の粗い粉を、他方に粒の細かい粉をおく。この粥の材料（引用者注・大麦、鶏肉など）を、私は一方で（それぞれの粉について）、アサッル容器に入れ、「香草束」を浸しておいたビールを加えて長時間煮込み粥にする。

（『最古の料理』）

少々わかりにくいですが、仕込み済みの鶏肉が入った鍋に、レンズ豆、大麦、さらにハーブ入りのビールを入れて煮込む、という手順です。はじめは現代のお粥のように煮汁が麦を隠すくらいの水量で作ってみましたが、食感がいまひとつでした。そこで、水分の量を減らしリゾット風にアレンジしてみました。

調味料が少ないため薄味の印象がありますが、実際に食べてみると鶏肉と赤ワインビネガーが麦に染み込んで、パンチのある味わいが楽しめます。

「目には目を」で有名な、バビロニアの王ハンムラビが作った「ハンムラビ法典」（写真）には、食に関する条項がある。例えば、銀の代わりに穀物で債務が返済できることや、居酒屋に犯罪者が来たら取り押さえて宮殿に突き出す必要があることなどが書かれている。

≈4≈かぶの煮込みスープ

古代メソポタミアではかぶが人工的に栽培されていました。イェール大学所蔵のレシピに、簡潔な調理法があります。

栽培種のかぶの煮込み。これには肉は必要ない。お前は水を用意して脂肪、[ ]、タマネギ、ルッコラ、コリアンダーと血に浸して砕いた「粒団子」、叩き潰したポロネギとにんにく、[ ]を加える。(引用者注・[ ]内は未解読の箇所)

(『最古の料理』)

未解読部分が2か所ありますが、1つは冒頭のメニュー名からかぶと断定できます。「粒団子」は、穀物を使った粒状の加工食材と推測しました。メソポタミア風だしと大麦、薄力粉を混ぜ、一口サイズの団子を作りました。

これらの食材を鍋に入れて煮込んでみました。しかし、肉も塩コショウもないため、やはり物足りません。そこで、スープにもメソポタミア風だしを入れてリトライしてみました。すると、スープに奥行きが生まれ、かぶの旨味も前面に出てきました。もっと濃い味にしたければ、塩コショウの代用調味料としてコリアンダー粉を追加して調整しましょう。

≈5≈メルス（古代メソポタミア風ガレット）

メルスという語は、当時の言葉で「かき混ぜる」という意味です。転じて、小麦粉に液体を入れ、かき混ぜ、加熱して作る焼き菓子の名前になりました。現代風にいえば、「古代メソポタミア風ガレット」といったところでしょうか。レシピは残っていませんが、『最古の料理』のジャン・ボテロは断片的な情報を統合し、大まかな材料と調理法を割り出しています。ユーフラテス川の中流域にあったマリ王国には、メルス専門の焼き菓子職人がいたという記録も残っています。古代メソポタミア人には身近なデザートだったのかもしれません。

作り方はお好み焼きとほぼ同じです。ボウルのなかにセモリナ粉、薄力粉を入れて、水、ビール、牛乳を加えて生地を作り、ドライフルーツ類を刻んで入れ、フライパンかホットプレートで両面を焼き上げます。材料には、なつめやしやピスタチオ、干しイチジク、干しぶどう、干しりんご、そしてにんにくが使われていたようです。

ドライフルーツとにんにくは意外な組み合わせですが、食べてみるとにんにくがほかの食材の甘味を引き出し、なかなかおいしいです。イベントでお客さんにお出しするうちにいつのまにか「メソポタ焼き」の愛称がつきました。かわいらしい響きで気

なつめやし（デーツ）は水が少なくてもよく育つため、メソポタミアに文明ができる以前から栽培されていた。シュメールでは「農民の樹」といわれていた。『ギルガメシュ叙事詩』やコーラン、旧約聖書にも登場する。古代の人びとにっては身近なフルーツだった。

に入っています。

紀元前から変わらぬこと

古代メソポタミア文明は、食材や調味料は限られ、簡素な調理器具しかない時代です。ところが、楔形文字で書かれた文献から作り出した料理は、多少の現代風アレンジがあることを差し引いても、素材の味を生かした、現代の減塩メニューにも近い「普通においしい料理」でした。

塩、コショウがなくても、メソポタミアの人びとはクミン、コリアンダーなどの調味料、そして「だし」を使って食材の味を引き出していました。特に「メルス」の、なつめやし、ピスタチオ、ドライフルーツににんにくを混ぜ込むという発想には驚かされました。古代の料理には、時代の波にのまれて消えてしまった妙味が、まだまだ潜んでいるに違いありません。

工夫と熱意次第で料理はいくらでもおいしくなる。当たり前のようでいて、忘れがちなことですが、有史以来変わらない真理なのでしょう。古代メソポタミア料理を通じて、そんな大切なことを、遥か悠久の昔に生きた古代人たちに教えてもらったような気がします。

ニンカシ風ビール

シュメール人たちが、女神ニンカシにささげていたビール。ハーブとハチミツとワインを入れて醸造されたといわれる。市販のビールをベースに「ニンカシ風ビール」を作ってみた。苦みが中和され、パナッシェやシャンディガフのような味わいが楽しめる。（@mimumimu撮影）

【材料】
ビール……200ml
ワイン……100ml
ハチミツ……30ml
バジルorミント……適量

chapter.2

ソクラテスの腹ごしらえ

古代ギリシャ
(紀元前800〜紀元400年頃)

健康野菜に海の幸、精力スープに女神の粥、
各ポリスの食文化を代表する品々を収録。
神々と哲人たちが集う食事会に参加しよう!

MENU

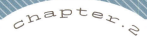

メラス・ゾーモス（スパルタ風ブラックスープ）

ハニービネガーが血のスープをまろやかに！
スパルタの兵士も飲んだ精力増強スープ

材料 4人分

豚肉 ― 200g
ブラッドソーセージ ― 30g
セモリナ粉 ― 20g
さやいんげん ― 30g
レンズ豆 ― 30g
ヒヨコ豆 ― 30g
ハチミツ ― 大さじ1
塩 ― 適量
コショウ ― 適量
水 ― 3ℓ
オリーブオイル ― 50mℓ
赤ワインビネガー ― 30mℓ
リコッタチーズ ― 30g
　牛乳 ― 100mℓ
　生クリーム ― 20mℓ
　レモン汁 ― 10mℓ
　塩 ― 1つまみ

2

3

つくり方

1. 鍋に水、オリーブオイル、赤ワインビネガーを入れ、火にかける。
2. 豚肉とブラッドソーセージ、さやいんげん、レンズ豆、ヒヨコ豆を鍋に入れて沸騰したら弱火で20分煮込む。
3. セモリナ粉、リコッタチーズ、ハチミツを入れてとろみをつけ、塩、コショウをかけていただく。

リコッタチーズのつくり方

1. 牛乳、生クリーム、塩を鍋に入れて弱火で5分煮る。
2. レモン汁を入れてかき混ぜる。
3. ボウル、ザル、キッチンペーパーを重ねて2を注ぎ、分離させる。
4. 抽出した固形物を容器に移し、冷蔵庫で1時間冷やして完成。

point
ややクセのあるスープなので、赤ワインビネガーやリコッタチーズの量を調整して自分好みにアレンジしよう。

クランベー（アテナイ風キャベツのサラダ）

古代の健康野菜とギリシャ風ドレッシングが胃腸をいたわる！

材料 4人分

キャベツ＝300g（¼個）
塩＝適量
コリアンダー粉＝小さじ2
アサフェティダ粉＝適量
ハニービネガー
- ハチミツ＝大さじ6
- 赤ワインビネガー＝30mℓ

つくり方

1. ハニービネガーを作る。ハチミツを煮立てて、浮いてくるアクをすくい、赤ワインビネガーを加えて弱火で5分煮込み、ボウルに移して冷ます。
2. キャベツを千切りにし、ザルにあげて水気を切る。ザルから1とは別のボウルに移し、コリアンダー粉、塩を混ぜ合わせる。
3. 皿にキャベツを盛りつけ、ハニービネガーをかけて完成。香りと苦みの強烈なアサフェティダ粉はお好みで。

point

好みのわかれるアサフェティダ粉。古代ギリシャ人の味覚を味わうなら、一度は試してみてほしい。分量は少なすぎるかな？と思うくらいで十分。

キタロス（カレイの香草焼き）

チーズとハーブの香りが食欲をかきたてる！

材料　4人分

カレイ ＝ 200g（切り身4枚）
粉チーズ ＝ 10g
塩 ＝ 小さじ1
コリアンダー粉 ＝ 大さじ2
ローリエ ＝ 8枚
オリーブオイル ＝ 適量
白ワインビネガー ＝ 15mℓ

つくり方

1 カレイをローリエでくるんで、鍋で5分煮る。

2 コリアンダー粉と塩をフライパンでローストする。

3 カレイの水気をペーパータオルでとり、2をまぶす。

4 オリーブオイルを塗った耐熱容器にローリエを敷き、カレイを並べ粉チーズをふりかけ、オーブンで15分焼く。

5 焼けたら白ワインビネガーをかけて完成。

point
カレイが煮崩れしないように火加減は弱火で。3で取り出すときもていねいに扱おう。

トロネ風 サメのステーキ

あっさりふわふわのサメ肉をハーブで上品に味つけ！

材料 4人分

サメ肉 ― 200g（切り身4枚）
オリーブオイル ― 50mℓ
グリーンサラダ ― 60g
ハーブ塩
- クミン粉 ― 小さじ2
- パセリ粉 ― 小さじ2
- オレガノ ― 小さじ2
- コリアンダー（パクチー） ― 10g
- ミント ― 適量
- 塩 ― 1つまみ

ドレッシング
- オリーブオイル ― 20mℓ
- 赤ワインビネガー ― 10mℓ
- 魚醤 ― 10mℓ

つくり方

1. ハーブ塩を作る。
刻んだコリアンダー、ミント、ほかの材料をボウルに入れ混ぜ合わせる。

2. サメ肉を一口サイズに切り、バットに切り身をのせオリーブオイルをふりかけて絡ませる。

3. 切り身の両面にハーブ塩をまぶす。

4. フライパンにオリーブオイルを入れて切り身を6〜8分、両面がきつね色になるまで焼く。

5. ドレッシングを作る。
オリーブオイル、赤ワインビネガー、魚醤をボウルに入れ、ホイッパーで混ぜる。

6. グリーンサラダとサメ肉を皿に盛りつけ、サラダにドレッシングをかける。

キュケオーン（エレウシス秘伝粥）

女神も味わったやさしい味の洋風粥

材料 4人分

セモリナ粉 ― 120g
ハチミツ ― 大さじ2
卵 ― 1個
水 ― 150mℓ
ミント ― 1枚
リコッタチーズ ― 300g
- 牛乳 ― 1ℓ
- 生クリーム ― 200mℓ
- レモン汁 ― 100mℓ
- 塩 ― 大さじ1

つくり方

1. ボウルにセモリナ粉を入れ、水を入れて15分ほど待つ。
2. 1がやわらかくなったら鍋に移す。
3. リコッタチーズ（28ページ参照）、ハチミツ、溶き卵を加える。
4. 煮立たせないよう、弱火で5分煮る。器に盛りつけ、ミントを飾る。

point

人間界を放浪していた女神デメテルが、人間の女性から施されたという逸話があるお粥料理。もっととろみがほしいときはリコッタチーズの量をさらに増やそう。

chapter.2

ソクラテスの腹ごしらえ

古代ギリシャ（紀元前800〜紀元400年頃）

ソクラテスの懸念

紀元前4世紀のアテナイ（現在のアテネ）に生きた**ソクラテス**。「無知の知」を唱え、問答法による対話をライフワークとしていた哲学者です。そのソクラテスは食事について、有名な言葉を残しています。

食べるために生きてはならない。生きるために食べるべきだ。

人には果たすべき目標があり、食事はあくまでその目標のためにある。食欲にまかせて人生を浪費するのは本末転倒だ——。一般的には、こんな風に解釈されています。でも、本当にそれだけでしょうか。この言葉は、食べることが生きがいの食道楽が

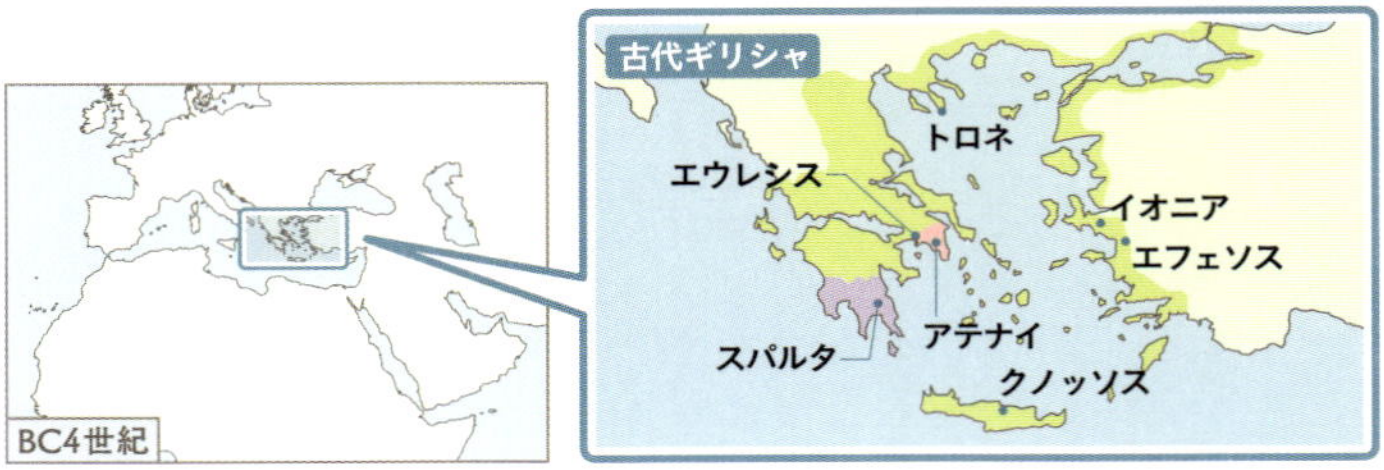

古代ギリシャ世界に大勢いたことを示しているようにも思えます。ソクラテスはそれを憂慮《ゆうりょ》し、弟子たちに「気をつけろよ」と釘を刺したのではないでしょうか。

実際、古代ギリシャ人は宴会の席をたいへん好みました。食事用のベッド（クリネー）に横になり、手で料理をつまみ、おしゃべりを楽しみつつワインを飲む――。お酒を飲みすぎてハメを外し、暴力沙汰に発展することもありました。

ソクラテスの生きた時代は、美食の時代でもありました。鍋料理やオーブン料理、多種多様なスパイスやソースの使用などの調理手法が編み出され、料理作りのための技術・学問を意味する「ガストロノミー（美食学）」の萌芽《ほうが》的な発想が生まれたのもこの頃です。2世紀に書かれたアテナイオス『食卓の賢人たち』には、バラエティ豊かな食材や調理法、各都市での宴席の逸話が記され、人びとの食への情熱が感じられます。

宴会と美食を好んだ古代ギリシャ人たち。「食べるために生きて」いるとソクラテスに形容された彼らは、一体どんな食生活を送っていたのでしょうか。

古代ギリシャの食材

古代ギリシャ世界は、エーゲ海沿岸やいわゆる小アジア地域を指します。この一帯には紀元前3000年頃から文明があったことがわかっています。紀元前8世紀から

ソクラテス

紀元前469〜紀元前399年。対話によってその名を上げたソクラテスだが、多くの人の恨みを買っていた。最期は無実の罪を着せられ、毒にんじんの汁を飲んで亡くなった。

紀元前3世紀頃にかけて大小1500ほどの都市国家（ポリス）がひしめき合い、各都市の住民たちはそれぞれ城壁を築き、その周囲を農地や牧場にして暮らしていました。ギリシャ本土でもっとも大きい都市国家が、軍事力の高いスパルタで、2番目はソクラテスのいたアテナイでした。

ギリシャは全体に山地が多く、雨も少なく土地も肥沃《ひよく》とはいえません。そのため、穀物の栽培には不向きでしたが、一方でオリーブ、ぶどう、イチジクなどのフルーツはたっぷり採れました。大都市ではオリーブオイルやワインに加工して輸出され、人びとはそうして得た富で、主食となる小麦や大麦類を調達していました。

古代ギリシャ人の主食はパンやお粥です。パンは紀元前5世紀から各種の麦によって作られはじめ、その種類は70を超えたとされています。

ついで身近な食材だったのが、魚介類です。市場の魚屋にはカレイ、タラ（メルルーサ）、マグロ、イワシ、ウナギ、さらにロブスターや牡蠣《かき》、ウニなど新鮮な魚介が並んでいたようです。ほかには豆類、タマネギ、かぶ、レタス、メロン、ぶどう、りんごなどの野菜・果物もギリシャではよく食べられていました。

肉類は、放牧地の余裕がなかったため、儀式で生け贄《いけにえ》にされた死肉を食べるとき以外はほとんど食べられませんでした。紀元前5世紀頃になると他国との交易や植民が進み、ようやく牛や豚が食卓に登場します。

古代ギリシャ

前3000頃	エーゲ文明成立
前1200頃	トロイア戦争？
前700頃	アテナイ・スパルタが成立
前683	アテナイが王政を廃止。貴族政・僭主政を経て民主政へ
前499	ペルシャ戦争
前470頃	ソクラテス誕生
前431	ペロポネソス戦争
前399	ソクラテスが処刑される
前146	ローマの属州になる

饗宴前の腹ごしらえ

古代ギリシャ世界は、それぞれの市民が政治の主役でした。ですから、人びとが顔を突き合わせて論ずる機会は、政治的にも重要とされました。なかでも大切な交流の場となったのが、夕方からはじまる会食です。男性だけが参加でき、貴族の館や神殿、ときには野外でも開かれました。誕生日や結婚祝い、客人の歓迎、国の祭りやスポーツ大会での祝勝会が開催の口実になりました。

古代ギリシャのこうした会食は、食事会と酒会の2つの会にきっちりと分けられ、とくに後者は重要な意味をもち、「饗宴《シュンポシオン》」と呼ばれました。

古代ギリシャの饗宴には、お決まりの儀式がありました。時代によって作法は異なりましたが、参加者が神々のために花の冠をかぶって、全員でワインを守護霊のためにこぼしてみせる——というのがスタンダードな式次第でした。儀式の後は、歌や詩を披露するにぎやかな場に一変します。原則的にはワインが飲まれましたが、チーズや小麦でつくったガレットなどの「おつまみ」が出ることもありました。

饗宴の前にある食事会では、かなり豪華な食事が出されていました。ホストだけでなく客も料理を持ち寄ったようです。饗宴は長丁場ですから、「腹ごしらえはしっかりしよう」ということなのでしょう。我らがソクラテスは無駄な飲食は避けましたが、

饗宴の様子。男性が花冠をかぶり、クリネーに横になって会話や余興を楽しんでいる。こうした饗宴のスタイルは、ローマにも受け継がれる。

饗宴の前には議論に備えて栄養補給をしたのではないでしょうか。

さて、このあたりで当時作られていた古代ギリシャ料理とその再現方法について、具体的に説明していきます。

≈1≈メラス・ゾーモス（スパルタ風ブラックスープ）

まずは軍事的な色彩が強いスパルタの料理を取り上げます。

スパルタの兵士はたいへん勇猛なことで知られています。彼らは、幼少の頃から厳しい訓練を受け、さらに食うや食わずやの環境に置かれました。肉体と同時にハングリー精神も育てられたのです。こうした「スパルタ式教育」は、料理にも及びました。その象徴的な料理が「メラス・ゾーモス」です。

スパルタ人兵士は、この豚の入ったスープを主食としていました。主成分は動物の血と肉、そして酢でした。味については、こんな文章が残っています。


スパルタ人のところでは料理のうち黒いシチューが最も珍重される。年輩の者たちは小さな肉片などは食べず、このシチューを注がせて食べる。あるポントス（黒海沿岸地域）の王がこのシチューのために、ラコニア（スパルタ領地）の料理人を雇ったそうだ。やがてシチューを味わってみたが、うんざりさせられる味だっ

たそうだ。

（『プルタルコス英雄伝』）

スパルタ人兵士は、平和なときはこの「うんざりさせられる味」の黒スープを飲まされ、戦争のときはおいしい料理を食べることができました。こうしてスパルタ人は平和を憎み、戦争を愛する理想的な戦士を育て上げました。こわいですね。

さて、この悪名高い黒スープの正確なレシピは残念ながら現存していません。材料から想像すると、おそらく豚の肉の切り身を煮込み、スープに**豚の血**と酢（ワインビネガー）を加えたスープだと考えられます。

試しに胆汁抜きで作ってみました。見た目は真っ黒で、グロテスクです。飲んでみると、血のにおいが口のなかに広がり思わずむせてしまいました。これではいけません。よりおいしく食べられるアレンジを考えます。

まず豚の血の代わりに、ブラッドソーセージを使います。さらに、血のなまぐささを消すため、オリーブオイルやハチミツ、赤ワインビネガーで中和させ、さらに塩、コショウで味をととのえます。スープの具が寂しいので、当時スパルタでよく食されていたリコッタチーズ、豆類を加えてにぎやかにしてみました。

アレンジ後は味にまろやかさが出て、血のにおいは気にならなくなりました。肉の旨味とコクのあるスープの味わいがクセになる一品です。

豚の血

動物の血は、鉄分などの豊富な栄養素を含む。現在では、フィリピン料理の「ディヌグアン」などで使われる。アジア食材店やネット通販で、「DUGO」の商品名で手に入る。

≈2≈クランベー（アテナイ風キャベツのサラダ）

古代ギリシャ人にとってキャベツは野菜というより薬草でした。彼らは経験から、キャベツが頭痛や胃病、特に二日酔いに効くことを知っていたのです。現代の日本でも、とんかつのつけ合わせになったり胃腸薬の名前にもじられたりしています。キャベツは、胃腸の救世主として時空を超えて人類に重宝されているようです。

さて、2000年以上前から健康食品だったキャベツを、古代ギリシャ人はどう食べたのでしょう。アテナイのムネシテオスが書いたレシピが残っています。

キャベツはよく切れる鉄のナイフでスライスし、水洗いして水気を切る。それをたっぷりのコリアンダーとヘンルーダとともにみじん切りにする。ハニービネガーをふりかけシルフィオンを少々加える。これは前菜として食べることもできる。

（『古代ギリシア・ローマの料理とレシピ』の『医学集成』から）

ハニービネガーは、ハチミツと赤ワインビネガーを熱して混ぜ合わせるソースで、古代ギリシャで多用されました。ヘンルーダというのはハーブの一種で、現在は毒性があることがわかっているので省略します。シルフィオンは、古代ギリシャ料理でよ

キャベツは、豊富な食物繊維の働きにより、血中のアルコール濃度の上昇を防ぐ効果がある。植物学の権威だったテオプラストス（紀元前371年～紀元前287年）は「ぶどうの成長すらキャベツのにおいを嫌う」と、ワインの飲みすぎに対するキャベツの効能をたたえている。

く使われた野生種のハーブでしたが、紀元前1世紀頃に絶滅しています。そこで近縁種の**アサフェティダ**で代用します。「悪魔の糞《ふん》」の異名を持つ調味料で、強烈な苦みと香りを持っていますので、かけるのはほんのひとつまみで十分です。

≈3≈ キタロス（カレイの香草焼き）

アテナイなど地中海沿岸の都市国家ではカレイがよく食べられていました。美食家のアピキウスが書いたとされる料理書には、カレイを含む白身魚全般で使える調理のコツが書かれています。

魚を下ごしらえする。すり鉢に塩とコリアンダーシードを入れ、混ぜる。それを魚にまぶし、焼き皿に入れ、ふたをし、焼きがまで焼く。焼けたら取り出し、酸味の強いビネガーで味つけし、提供する。

（『アピキウスの料理帖』*）

焼きがまは当時、最新の調理器具でした。下味には、塩とコリアンダー粉を使い、白ワインビネガーで味つけします。

せっかくなので、もうひと手間かけてみます。『食卓の賢人たち』にはカレイに限

アサフェティダ

別名ヒーング。現在も、南インドのスープ料理でよく使われている。通販で50g 700円ほどで入手可能だ。

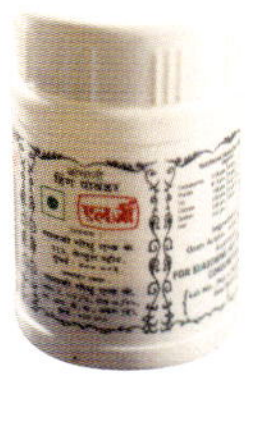

定した言及があります。文中の「キタロス」とはカレイのことです。

キタロスの身白く、固く、形大なるものは、葉に包み、清浄なる海水によって煮よ。身赤く、とくに大ならざるものは、研《と》ぎしばかりのまっすぐの刃を突き刺して、焼け。これに多量のチーズとオリーブ油をはけ。

(『食卓の賢人たち』)

カレイを葉に包んで焼き、仕上げにチーズとオリーブオイルを使っています。葉にはローリエを使います。チーズは、紀元前8世紀のホメロス『オデュッセイア』において、巨人キュクロプスが山羊の乳からつくる描写もあり、神話の時代から存在する加工食品だったようです。この2つのレシピを組み合わせて、チーズとハーブの香りが食欲を誘う、しっかりした味の魚料理に仕上げました。

≈4≈ トロネ風 サメのステーキ

古代ギリシャでは様々な種類のサメが食べられていました。たとえば、『食卓の賢人たち』にはホシザメ、ホンカスザメ、鹿の子ザメなど数多くのサメ類に関する記載があります。

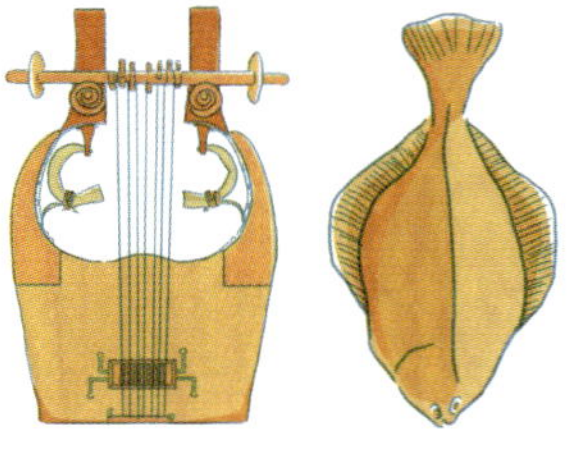

カレイの形が、古代ギリシャの竪琴楽器「キタラ」に似ていたため、カレイはキタロスと呼ばれていた。

トロネは、現在のギリシャ北部のハルキディキ県にあったポリスです。ワインの輸出が盛んで、美食の都でもありました。このトロネを「最高の料理が食べられる地」と称賛した詩人のアルケストラトス（紀元前4世紀）が、サメ肉料理の料理法について書き残しています。

トロネではサメの腹の切り身を買いたまえ。切り身にクミンと塩を少々ふり、グリーンのオリーブオイルをかけたあとは何もかけない。次にドレッシング用に野菜を刻んでステーキにまぶす。このステーキを焼くとき、焼き鍋に水やワインビネガーを加えてはいけない。ただ油を注《そそ》ぎ、クミンと香り高いハーブを入れるだけ。強火でなく弱火で調理する。たえず揺り動かして焦げないように気をつける。

（『古代ギリシア・ローマの料理とレシピ』）

鶏肉のようにあっさりとした食感で、ハーブの香りがいいアクセントになっています。つけ合わせのグリーンサラダには、オリーブオイル、赤ワインビネガー、魚醤で作った古代ギリシャ風ドレッシングソースをかけました。まだサメ肉を食べたことがない人は、ぜひトロネ風でめしあがってみてください。

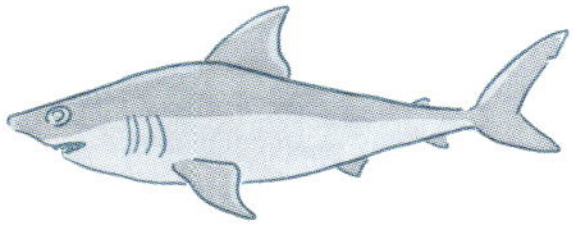

日本でも栃木、三重、広島で郷土料理の食材になっている。オススメは、ネット通販で手軽に買える気仙沼産モウカザメ（モロサメ）。

≈5≈ キュケオーン（エレウシス秘伝粥）

キュケオーン。おそらくはじめて名前を聞く料理ではないでしょうか。穀物と大地を司《つかさど》る女神・デメテルの神話に登場する料理です。まずはその物語をご紹介します。デメテルには絶対神ゼウスとの間に、コレーという美しい娘がいました。あるとき、コレーは冥界《めいかい》の神・ハーデスにさらわれてしまいます。しかも、ゼウスがハーデスに「娘をやるよ」と勝手に許可を与えていました。デメテルは怒り狂い、神の仕事を放棄して、娘の手がかりを求めて人間界をさまよいます。

やがてデメテルは、アテナイ北西にあるエレウシス領の、とある邸宅にたどり着きます。思いつめるあまり何も食べていなかったデメテルですが、家人のもてなしを受けて、差し出された食事に手をつけます。その料理こそがキュケオーンです。この後、見かねたゼウスの働きかけにより、コレーは1年のうち3分の1は冥界に滞在するという条件つきで、デメテルのもとに戻ってきます。

古代ギリシャでは、この神話に由来する**エレウシスの秘儀《ひぎ》**が行われていました。キュケオーンのレシピはありませんが、複数の資料から手掛かりとなる情報を抜き出してみます。

『オデュッセイア』九歌で、旅人は巨人の住みかでチーズをみつける。「チーズ籠はチーズであふれ、子山羊と子羊は檻《おり》に収まりきらないほど飼われていた」「奴（巨人）は座り込み、雌羊と山羊から乳を搾っては放ち、その子らに乳を吸わせていた。そして乳は半分ほど凝固させ、小枝細工の漉《こ》し器にかけておくのだ」。巨人は意外にマメだったようだ。

①材料には、大麦の挽き割り粉とミントを調合した。
②「食べ物と飲み物の中間のような料理」と紹介された。
③キュケオーンの語源は「かきまぜて濃くする」。

以上から、穀物をベースにした粘性の高い液状の料理が浮かび上がってきます。そこで、デュラム小麦を粗挽きにしたセモリナ粉に、古代ギリシャで広く食べられていた卵、リコッタチーズ、ハチミツを入れて、トロリとしたお粥を作りました。最後にミントを加えて完成です。栄養価が高い、やさしい味わいのスープといったところです。

ひとつひとつを味わって

歴史学者のヘロドトスは、各都市に散らばって生活するギリシャ人を「同じ血を持ち、同じ言葉を話し、同じ神々を信仰し、同じ生活習慣を持っている」民族だと定義づけました。しかし、少なくとも食事に関しては、同じものを食べているというわけではありませんでした。各ポリスが独自の味つけや調理法を持っており、そうしたモザイクアートのような多彩さが、古代ギリシャ料理の魅力のようにも思えます。

一方で共通する味わいもあります。ハチミツ、赤ワインビネガー、ハーブ類、アサ

エレウシスの秘儀

儀式の内容を口外したものは死罪となるため、式の詳細は伝わっていない。儀式の目的は、豊作の祈願とも、死後の世界での幸福を約束するともいわれている。

フェティダといった調味料は、ほぼ全域にまたがって使われていました。甘味と酸味と香り、そして苦みが混然一体となる絶妙な味わいが、古代ギリシャ料理の個性といえそうです。

最後に、ソクラテス流の食事の楽しみ方をご紹介します。1つのパンだけで、おかずをたくさん食べようとする仲間にいった言葉です。

いったい、一どきにたくさんの物を食べ、そして一どきにありとあらゆる美味を口のなかへ詰め込んでこしらえる味ほど、高価な料理があり、これほど料理を壊してしまうことはほかにあるだろうか。料理人の合わせた以上に味を混合させることによって、すこぶる高価な物にする一方、料理人が合わせなかった物を、配合が悪いからといって混ぜ合わせるから、料理人たちが正しくこしらえてあれば、自分の方でできそこないにして、しかもせっかくの料理人の腕前を台なしにする。

(『ソークラテースの思い出』)

料理がおいしいと、ついつい夢中になって食べてしまう私のような人間には耳が痛い言葉です。ソクラテスに叱られないように気をつけないといけませんね。

古代ギリシャ風
フレーバーウォーター

アリストパネス喜劇『平和』にある「立麝香草《たちじゃこうそう》(タイム)を吸って飲物を作る」という一節から、古代ギリシャ風のフレーバーウォーターを考案した。タイムのほかに古代ギリシャの果物、ハーブを使う。

[材料]

水	200㎖
ぶどう	4g(2粒)
りんご	25g(1/8個)
ミント	1枝
タイム	1枝
シナモンスティック	1本

chapter.3

カエサルの祝宴

古代ローマ
（紀元前600～紀元400年頃）

「全ての食はローマに通ず」が証明された！
魚醬、ぶどう果汁、ハーブの味つけがクセになる、
〈食の帝国〉ローマの味をご堪能あれ。

MENU

サラ・カッタビア（古代ローマ風チキンサラダ）

**鶏だしが染みたクルトンがおいしい！
ローマ市民が愛した冷製チキンサラダ**

材料 4人分

食パン ＝ 1枚
鶏もも肉 ＝ 200g
コンビーフ ＝ 100g（1缶）
きゅうり ＝ 100g（1本）
タマネギ ＝ 200g（1個）
パセリ ＝ 20g（1束）
粉チーズ ＝ 適量
オリーブオイル ＝ 適量
白ワイン ＝ 100mℓ
塩 ＝ 小さじ2
松の実 ＝ 小さじ2
ドレッシング
- しょうが ＝ 1片
- 干しぶどう ＝ 10g
- ミント ＝ 適量
- コリアンダー粉 ＝ 小さじ1
- セロリ粉 ＝ 小さじ1
- ハチミツ ＝ 大さじ1
- 赤ワイン ＝ 10mℓ
- 赤ワインビネガー ＝ 20mℓ
- オリーブオイル ＝ 100mℓ
- 塩・コショウ ＝ 適量

6

つくり方

1 クルトンを作る。
食パンの耳を取り、一口サイズにカット。
オリーブオイルを塗り、フライパンで
焼き色がつくまで焼く。

2 ボウルの底にクルトンをならべる。

3 鍋にサイコロ状に切った鶏もも肉、白ワイン、
塩を入れ、鶏肉に火が通るまでゆでる。
残った煮汁は別の器にとっておく。

4 きゅうり、タマネギを薄くスライスし、
タマネギは炒めておく。

5 2のボウルにタマネギ、きゅうり、松の実、
コンビーフ、鶏肉を敷きつめ、粉チーズをかける。

6 5にドレッシングと3の煮汁をかけて、
冷蔵庫で1時間冷やす。

7 皿に盛りつけて、最後にパセリを飾る。

ドレッシングのつくり方

1 しょうが、干しぶどう、ミントをすり潰す。

2 ボウルに1を入れ、コリアンダー粉、
セロリ粉、赤ワインビネガー、赤ワイン、
ハチミツ、オリーブオイル、塩、コショウを
加えて、かき混ぜる。

豆のスープ 庶民風

ローマ市民の胃をあたためた家庭の味

材料 4人分

大麦＝30g
レンズ豆＝30g
ヒヨコ豆＝30g
さやいんげん＝30g
長ネギ＝100g（1本）
キャベツ＝150g（1/8個）
クレソン＝50g（1/2本）
ディル＝2枚
コリアンダー粉＝小さじ1
フェンネル粉＝小さじ1
水＝500mℓ
オリーブオイル＝50mℓ
塩＝適量

つくり方

1 長ネギを輪切りに、キャベツをサイコロ状に、クレソンを粗みじん切りにする。

2 鍋に水、大麦、レンズ豆、ヒヨコ豆、刻んださやいんげん、塩を入れ、弱火で20分煮る。

3 豆類に火が通ったら、オリーブオイル30mℓを加える。

4 1とフェンネル粉を加え、中火で10分煮る。

5 ディルとコリアンダー粉を散らして香りづけする。

6 塩、オリーブオイル20mℓで味をととのえる。

プルス（古代ローマ風リゾット）

大麦のプリプリとした食感が楽しい！

材料 4人分

大麦＝150g
フライドオニオン＝10g
コリアンダー粉＝小さじ1
ディル＝1枚
オリーブオイル＝50mℓ
水＝500mℓ
塩＝適量
ソース
- クミン粉＝小さじ1
- コリアンダー粉＝小さじ1
- ハチミツ＝大さじ1
- 赤ワインビネガー＝20mℓ
- ぶどう果汁＝30mℓ
- 魚醤＝10mℓ
- コショウ＝適量

つくり方

1 大麦と水を鍋に入れ、火にかけて沸騰したら弱火で15分煮る。

2 フライドオニオン、ディル、オリーブオイルを加え、さらに弱火で15分煮る。

3 コリアンダー粉と塩をふりかけ、味をととのえる。

4 3にソースの材料を混ぜ合わせてかける。弱火で軽く煮つめ、リゾット状になったらできあがり。

point
4で水分が足りずリゾット状になっていなければ、水を適宜加えて調整する。

古代ローマ風 牛のステーキ

甘酸っぱい特製ソースが牛肉の旨味を引き出す!

材料 4人分

牛ヒレ肉 ＝ 400g
パセリ ＝ 10g
ソース
- 赤ワイン ＝ 50mℓ
- 赤ワインビネガー ＝ 30mℓ
- ハチミツ ＝ 大さじ1
- 魚醤 ＝ 10mℓ
- オリーブオイル ＝ 50mℓ
- ぶどう果汁 ＝ 30mℓ
- フライドオニオン ＝ 10g
- 干しぶどう ＝ 10g
- ブイヨン(パウダー) ＝ 小さじ1
- セロリ粉 ＝ 小さじ1
- クミン粉 ＝ 小さじ1
- オレガノ ＝ 小さじ1
- コショウ ＝ 適量

つくり方

1. 一口大に切った牛ヒレ肉をフライパンでソテーする。
2. ソースを注ぎ、サッと煮立てる。皿に盛りつけ、パセリを飾る。

ソースのつくり方

1. ボウルにフライドオニオン、干しぶどう、セロリ粉、クミン粉、オレガノ、コショウを入れ、潰してよく混ぜる。
2. 赤ワイン、赤ワインビネガー、ハチミツ、魚醤、オリーブオイル、ぶどう果汁、ブイヨンを加えて混ぜる。

モレートゥム・ヒュポトリッマ
（ハチミツ入りカッテージチーズ）
ローマ皇帝も愛したひとくちデザート

材料　4人分

- カッテージチーズ ＝ 100g
  - 牛乳 ＝ 500mℓ
  - 酢 ＝ 50mℓ
- オリーブオイル ＝ 20mℓ
- ハチミツ ＝ 大さじ1
- 塩 ＝ 適量
- コショウ ＝ 適量
- イタリアンパセリ ＝ 1枚

つくり方

1. カッテージチーズを作る。
鍋に牛乳を入れて煮る。沸騰しはじめたら酢を入れてかき混ぜる。
2. ザルにキッチンペーパーを敷き、1を注いで分離を待つ。キッチンペーパーに残った白い固形物がカッテージチーズ。
3. 2をボウルに移し、オリーブオイル、ハチミツ、塩、コショウを混ぜる。
4. 冷蔵庫でよく冷やしてから皿に移し、イタリアンパセリをのせる。

point
古代ローマにジャムは存在していた。甘味が足りなければ、ジャムやマーマレードといっしょに食べよう。

chapter.3

カエサルの祝宴

古代ローマ
（紀元前600〜紀元400年頃）

カエサルは味音痴？

紀元前8世紀頃、ローマは小さな都市でしたが、しだいに領土を拡大させ、地中海世界に多くの植民地を持つ一大帝国に成長しました。この帝国の基礎をつくったのが、共和政ローマ期の政治家**ガイウス・ユリウス・カエサル**です。

当時は「内乱の1世紀」といわれる混乱の時代でした。カエサルはライバルたちとの政争を勝ち抜き、終身独裁官に上りつめます。しかし、いよいよ皇帝になろうというタイミングで、反対派にあえなく殺されてしまいます。結局、ローマ帝国の初代皇帝に就いたのは、カエサルの遺志を継いだ養子のアウグストゥスでした。

ローマの英雄として名を轟《とどろ》かせたカエサルは、食にはあまり興味がなかったようです。こんなエピソードが残っています。

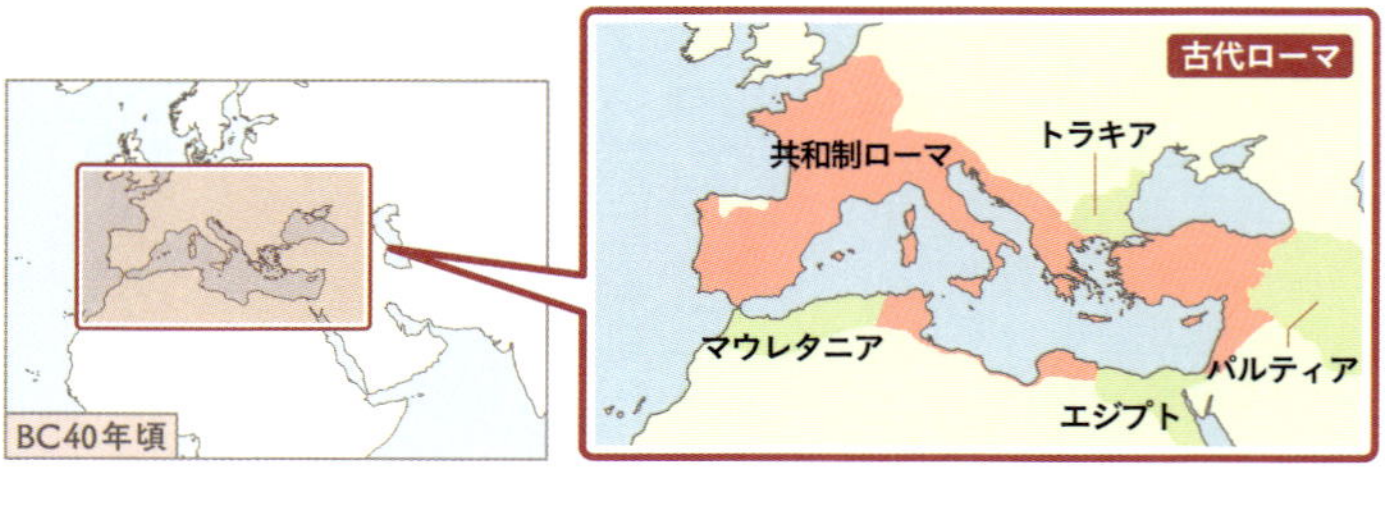

カエサルが、とある宴席に招かれたときのこと。化粧用の香油《こうゆ》がかかったアスパラガス料理が出されました。「オリーブオイルより高価だから」という主人の計《はか》らいでしたが、客人たちは食べるのを嫌がりました。ところがカエサルだけは平気な顔でたいらげてしまったそうです。

この一件で、カエサルに「味音痴」のあだ名がつきます。ただし、カエサルは根っからの政治家で、宴席では周囲に常に気を配っていたといわれています。香油がけのアスパラガスを食べたのも、主人の顔を立てることを優先したに違いありません。カエサルはガリア（フランス）への遠征など軍隊生活も長かったので、多少マズくても我慢できたのでしょう。

さて、こんなカエサルが生きた時代はローマの文化が花開きつつあった時代です。ローマ人がどんな食生活を送っていたのか、順を追ってみていきましょう。

未開人の汚名返上

カエサルの時代からややさかのぼった紀元前3世紀、この頃のローマ人は「粥《かゆ》を食べる未開人」と他国から馬鹿にされていました。当時のローマ人はソラ豆入りの麦粥、オリーブオイルをかけた野菜サラダを食べていました。メソポタミアや古代ギリシャと比べると、やや質素だったのは事実のようです。

ガイウス・ユリウス・カエサル

紀元前100～紀元前44年。「借金王」というあだ名もあったが、これは平民たちに大盤振る舞いをしたり剣闘士が競う大会を開催したりするために、ローマじゅうの貴族からお金を借りていたため。憎めない人柄だったことがうかがえる。

しかし、共和政ローマは強国でした。周辺国を次々と属州にし、他国の食文化をスポンジのように吸収します。なかでもギリシャの制圧はターニングポイントになりました。ぶどうの栽培技術、パンの焼きがま、ワインを飲む習慣や、食後の酒会である饗宴の文化を取り入れます。

国が豊かになったことで交易も盛んになり、食材も多様になりました。貴族の食卓には豚、イノシシ、子羊、ヤマウズラ、キジバト、ホロホロチョウ、ミミズク、マグロ、ボラ、チョウザメ、キャベツ、アスパラガス、かぶ、レタスが上がりました。

焼きがまの流入によって、主食としてのパンが定着します。ローマにとってパン作りはいわば政策のひとつでした。権力者は、パン職人の養成施設や特許の組合組織をつくり、生産と供給を厳重にコントロールしていました。アウグストゥス帝の紀元前30年にはローマ帝国には329の製パン所があったといわれています。パンの種類も豊富で、ベーコン入りパンやドーナツ型パンなど、コンビニに並んでいてもおかしくないようなパンが作られていました。

こうしてローマは食の多様性を実現し、未開人という汚名を返上したのです。

地中海世界の「いいとこどり」文化

食の多様化が進んだローマでは、独自の食文化が形成されます。

古代ローマ

前753	ローマ建国
前509	共和政がはじまる
前200頃	エトルリアを征服
前146	ギリシャを属州にする
前100	カエサル誕生
前58	カエサルによるガリア遠征
前44	カエサルが暗殺される
前27	帝政期がはじまる
1	地中海世界を統一
395	東西に分裂する

ローマの代表的な調味料が、魚を発酵させたうまみ調味料のガルム（魚醬《ぎょしょう》の1種）です。もともとはギリシャにも存在していたもので、ローマ人はこれを調味料としてだけではなく、胃腸薬や美容液など幅広い用途で使いました。

ガルムは、魚を塩と混ぜ、7か月ほど発酵させてつくります。その期間、かなりの悪臭が発生したため、工場の建設は郊外に限定されました。

ギリシャから栽培法が伝わったぶどうは、甘味調味料として加工され、ソースと混ぜて使われました。ちなみにギリシャ人は早摘《はやつ》みしたぶどうからできる酸味の強いワインを好み、ローマ人は完熟ぶどうから作った甘いワインを好んで飲んだといわれています。

コショウやシナモン、クローブなど香りの強い東方の香辛料を多用するようになったのもこの時期です。これらは地中海世界にはなかったもので、ローマ人たちは**アレクサンドロス大王**が開いた東西の交易路を利用していました。コショウは基本調味料になり、シナモンは風味をつけるためにワインに入れられました。

このようにローマ人は、支配した国の食文化を「いいとこどり」しつつ、ローマ流のアレンジを加えました。古代ローマの貪欲さは領土の拡張にとどまらず、食文化にも及んでいました。そろそろ料理そのものをみてみましょう。

この時代の料理を知る手がかりになるのが『**アピキウスの料理帖**』です。古代ローマ世界の各地の食事を記した書で、記述が具体的で再現料理の大きな助けになります。

アレクサンドロス大王

紀元前356～紀元前323年。マケドニアの王。武勇に優れギリシャ世界を支配し、ついでメソポタミア、エジプト、ペルシャ、インドへの遠征を成功させた。これをきっかけに地中海世界は東方との交易が盛んになる。

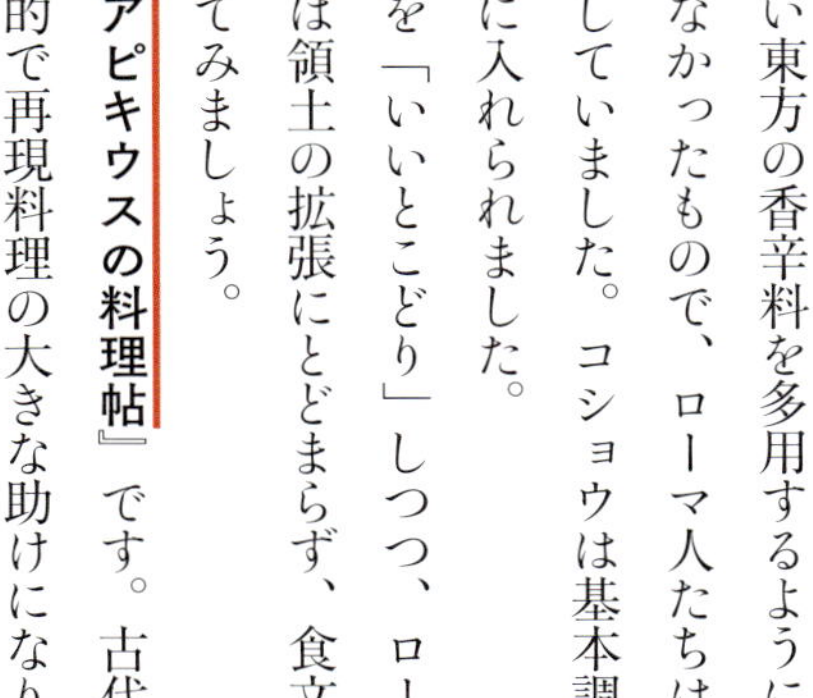

各材料の分量記載はないので、ほかの資料も参照しつつ、実際に調理しながらレシピを組み立てました。

≈1≈ サラ・カッタビア（古代ローマ風チキンサラダ）

「サラ・カッタビア」は、パンとチーズが入った具だくさんのサラダです。料理名はラテン語でもギリシャ語でもなくルーツは不明なのですが、現在のトルコにあった古代国家・リュディアの料理に似ているそうです。トルコ周辺にあった属国から持ち込まれたのかもしれません。

このサラダについて、『アピキウスの料理帖』に記述があります。

すり鉢にセロリシード、乾燥ペニロイヤル、乾燥ミント、ショウガ、コリアンダーの葉、種子をぬいたレーズン、ハチミツ、ビネガー、オイルとワインを入れ、よく潰《つぶ》して混ぜる。鍋にピケヌムのパン少々、鶏肉、子山羊の胸腺《きょうせん》、ウェスティニ・チーズ、松の実、きゅうり、乾燥タマネギをよく刻み、それを順に層になるように入れる。上からソースをかけ、雪のなかで1時間冷やす。コショウをふりかけ供する。

（『アピキウスの料理帖』*）

アピキウスの料理帖

紀元前1世紀の美食家・アピキウスの名を冠した「料理伝記」。記述が広域に及んでおり、アピキウスを含む複数人で書いたといわれている。

1文目はドレッシングソースのレシピです。食材の多彩さが目立ちます。「ピケヌムのパン」というのは、イタリア中部にあった古代都市・ピケヌムで作られていた、ぶどうの果汁を練りこんだ固めのパンです。パンを生地からつくってもいいのですが、ここでは油をひいたフライパンで市販のパンを焼いて固くし、その食感を再現します。「子山羊の胸腺」はコンビーフで代用します。「ウェスティニ・チーズ」は、詳細はよくわかっていないのですが、レシピには「よく刻み」とあるので粉チーズを使います。

一口大に切ったパンに焼き色をつけ、ボウルに敷きつめてその上に具材をのせます。全てのせたらドレッシングをかけてできあがりです。

一見するとシーザーサラダに似ていますが、パンの食感と甘酸っぱいソースによって、まったく違う料理に感じられるはずです。

≈2≈ 豆のスープ 庶民風

小国だった頃のローマでは、貴族も貧民も、この豆のスープを食べていました。しかし、ローマが領地を広げ、貴族たちが豪華な食卓を囲むようになった後、豆のスープは貧民の食べ物として位置づけられます。他国の文化が入る前からローマに存在したこの「伝統食」を再現してみましょう。

シーザーサラダ
20世紀前半にメキシコのホテルで生まれた比較的歴史の浅いサラダ。カエサルや古代ローマとは、まったく関係がない。

古代ローマ人が最初期から食べていた長ネギ、キャベツなどの野菜、レンズ豆、ヒヨコ豆、さやいんげんの豆類、そして大麦を具材にします。

豆好きのローマ人の原点ともいえる料理で、素朴な味が魅力です。合間の時間にサッと作ってしまいましょう。

≈3≈プルス（古代ローマ風リゾット）

「プルス」は、古代ローマでもっとも古い料理のひとつで、麦で作った粥を指します。かつてローマ人を指した「粥を食べる未開人」の「粥」は、このプルスのことです。カエサルの死後、ローマが帝政期（紀元前27～紀元395年）に入っても、平民たちの常食はプルスのままでした。庶民がよく利用した**ポピーナ**と呼ばれる軽食屋では、インゲン豆やエンドウ豆などの豆が入った、ひと手間かかったプルスが出されていたようです。

プルスの作り方は諸説あるのですが、ここでは大麦とタマネギを中心としたものを再現します。味つけには、古代ローマ定番の調味料であるハチミツ、魚醤、ぶどう果汁を混ぜ合わせたソースを使います。

ローマが属州を多く抱えるようになると、階級による生活格差も比例して大きくなりました。プルスはそんななかでも庶民の味方であり続けた、財布にもやさしいメニ

ポピーナ（軽食屋）
古代ローマの外食店には、高級食材を出す「ケーナーティオー」から、居酒屋的な「タベルナ」などさまざまなタイプがあった。ポピーナは外食店のなかでもっとも数が多く、プルス以外には、豚のゆで肉、ウナギ、オリーブ、ソーセージ、サラダ、オムレツなどを提供し、なかにはワインが飲める店もあった。

ューです。ローマ市民になったつもりで、甘さと酸っぱさと塩辛さが組み合わさった味わいを楽しんでみてください。

≈4≈ 古代ローマ風　牛のステーキ

次は古代ローマ貴族たちの食べ物です。貴族たちの胃袋を満たしたのは肉や魚でした。以下のような牛料理のレシピが残っています。

仔牛肉のソテー。コショウ、ラビッジ、セロリシード、クミン、オレガノ、乾燥タマネギ、干しぶどう、ハチミツ、酢、ワイン、ガルム*、油、デーフルトゥム
（『アピキウスの料理帖』）

ステーキですので、肉をフライパンで焼き上げるのみでOKです。ローマ人は食卓でナイフを使いませんでした。あらかじめ一口サイズに切ってからフライパンに投入しましょう。

ステーキにかけるソースは、ハチミツ、魚醤、ぶどう果汁（デーフルトゥムはぶどう果汁を2分の1に煮つめた濃縮果汁）、オリーブオイル、赤ワイン、ハーブスパイス類で作ります。このソースは、現代フランス料理のボルドレーズソースの原型ともいわれています。

魚醤とぶどう果汁による甘酸っぱい味つけが効いた**肉料理**です。古代ローマ人も味わった複雑で濃厚な香りと味わいを堪能してください。

≈5≈モレートゥム・ヒュポトリッマ
(ハチミツ入りカッテージチーズ)

貴族の食卓では、メーンディッシュにあたる食事が終わると、ハチミツとともにデザートが出てくるのが通例でした。クルミ、イチジク、なつめやし、ぶどうが出され、最後は決まってりんごでした。また古代ローマのスイーツにはパンにハチミツと干しぶどうが入ったパンケーキのようなデザートもあったようです。

さて今回は、ローマのチーズ料理をスイーツアレンジしてみます。

古代ローマには「カセレス・レケンス」というチーズがありました。牛乳を分離させて作る、白くてやわらかいそぼろ状のチーズです。現代のカッテージチーズやリコッタチーズに近いものです。今回は手作りのカッテージチーズをベースに再現します。

古代ローマでは、作りたてのチーズは、鉢のなかでハーブや調味料と混ぜられました。こうした料理は、「モレートゥム」または「ヒュポトリッマ」と呼ばれました。『アピキウスの料理帖』には、それぞれのレシピがのっています。

肉料理

当時の肉料理の定番は、イノシシの丸焼きや豚肉の煮物。牛が食卓に上るようになったのは、紀元前3世紀以降。ガリア(フランス)やゲルマニア(ドイツ)からハムを輸入して食べることもあった。

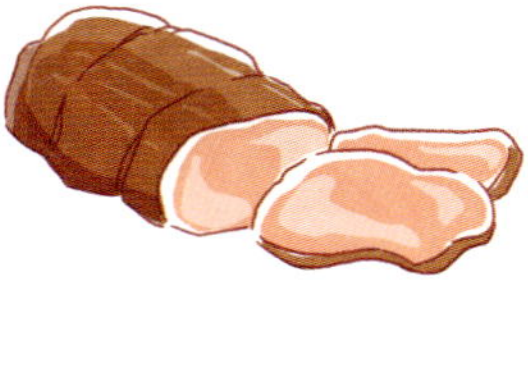

乳鉢のなかで混ぜるもの（引用者注・モレートゥムのこと）――ミント、ヘンルーダ、コリアンダー、フェンネル（以上、新鮮なもの）、ラビッジ、コショウ、ハチミツ、ガルム、必要なら酢を入れる。

ヒュポトリッマ――コショウ、ラビッジ、乾燥したミント、松の実、干しぶどう、なつめやしの実、甘いチーズ、ハチミツ、酢、ガルム、油、ワイン、デーフルトゥムあるいはカロエヌム。

（*『アピキウスの料理帖』）

さまざまな調味料や材料が挙がっていますが、今回はスイーツ仕立てですから、ハチミツとオリーブオイルを使います。それらと、牛乳と酢を熱して分離させて作ったカッテージチーズを混ぜ、ドーム状に整えて冷蔵庫で冷やします。最後に、チーズ料理と相性がいいイタリアンパセリをのせて完成です。

複雑そうに見えて、かんたんに作れます。やわらかな食感のチーズにハチミツが絡んだ、あっさりしたスイーツです。ジャムといっしょに食べてもおいしいですよ。

すべての食はローマに通ず

ローマは、領土を拡大させるにつれ、周辺国の食文化を取り込み「食の帝国」に変貌していきました。さらに、集めた食材を、ガルムやハニービネガー、ぶどう果汁などの調味料で味つけする独自の食文化を築きます。紹介した5品も食材は身近なものですが、現代人には未知のおいしさを体験させてくれるはずです。

さて、味音痴の疑いがあったカエサルですが、食事が人間に活力を与えるということはよく知っていました。駐屯兵のために、属国にローマの食材を定着させる政策を実行しています。たとえば、ブリタニア（現在のイギリス）に、ぶどう、レンズ豆を移植させ、さらに鶏やウサギ、雉《きじ》を家畜化させました。これらの食材はこの後、ヨーロッパを含む地中海世界全体に根づきます。アピキウスやガレノスといった古代ローマ時代の知識人による食に関する書物も、古典として読み継がれていきました。物質面と精神面の両方で、ローマは後世の食文化に大きな影響を与えたといえます。「すべての道はローマに通ず」は食にもあてはまるようです。

古代ローマ料理は、私たちがよく知る西欧料理の直系のご先祖です。なんとなく食べている食事もここからはじまったと思えば感慨深いものがあります。日々の食事にマンネリを感じたら、「古代ローマメシ」で原点回帰してみてはいかがでしょうか。

ポスカ

ローマ兵は、酢を水で割った飲み物「ポスカ」を皮袋に入れて携帯していた。キリストをはりつけにした兵士たちも飲んでいたといわれる。ちょっと贅沢《ぜいたく》にりんご酢、赤と白のワインビネガーで作ってみた。

【材料】

水……200㎖
りんご酢……大さじ1
赤ワインビネガー……小さじ2
白ワインビネガー……小さじ2

chapter.4

リチャード3世の愉しみ

中世イングランド
（15世紀）

ナッツライス、黄金シチュー、タラの洋辛子漬け、
実はカラフルで遊び心いっぱいの中世料理。
可愛い見た目と甘めの味つけを家族で楽しもう！

MENU

中世風 アーモンドライス

アーモンドとナッツの食感が楽しい！
イングランド貴族が愛したご飯レシピ

材料 4人分

米 ═ 1½カップ
アーモンド ═ 50g
さやえんどう ═ 15g
クルミ ═ 10g
レモン ═ 80g（1個）
バター ═ 15g
ハチミツ ═ 大さじ4
塩 ═ 小さじ½
シナモン粉 ═ 小さじ½
水 ═ 300mℓ
白ワイン ═ 100mℓ

つくり方

1 アーモンド、さやえんどう、クルミを刻む。

2 フライパンに1の食材、米、水、バター、シナモン粉、白ワインを入れて弱火で30分煮込む。

3 米が炊けたら、レモンの絞り汁を入れる。

4 塩をふりかけて味をととのえたら、皿に盛りつける。

5 別の器にハチミツを入れ、お好みでかけていただく。

2

3

point
白ワインは辛口がオススメ。さっぱりしたアーモンドやレモンの風味とマッチする。イングランドの貴族を意識してさらにシナモン粉を大さじ1ふりかけてもOK。

アスパラガスのサラダ

塩コショウとビネガーで素材の味を引き出す！

材料 4人分

アスパラガス＝80g（4本）
オリーブオイル＝30mℓ
赤ワインビネガー＝10mℓ
塩＝小さじ1
コショウ＝小さじ1

つくり方

1 アスパラガスを4等分に切り分ける。

2 熱湯に入れて、5分ゆでる。

3 オリーブオイル、赤ワインビネガー、塩、コショウをボウルで混ぜる。

4 2がゆで上がったら皿に盛り3のソースをかける。

point

白アスパラガスを使う場合、皮の筋が固いため、ゆでる前にスライサーで軽く削《そ》いでおく。

マーメニー（黄金色のビーフシチュー）

疲れた胃に染みるおかわり必至の煮込み料理

材料　4人分

牛肉 ═ 200g
卵黄 ═ 3個分
バター ═ 15g
塩 ═ 小さじ1
サフラン ═ 1つまみ
ローズマリー ═ 1枝
牛乳 ═ 1ℓ
ビール ═ 100mℓ

つくり方

1 フライパンにバターをひき、牛肉を焼き色がつくまで炒める。

2 鍋に牛乳、塩、サフランを入れ、弱火であたためる。

3 1を2の鍋に入れ、弱火で10分煮て、火を止める。

4 ボウルにビールと卵黄を入れ、かき混ぜる。

5 4を3の鍋に入れ、よくかき混ぜる。

6 器に盛りつけて、ローズマリーを飾る。

point

2で牛乳を沸かさないように、火加減に気をつけよう。パスタやご飯を加えて夜食にしてもおいしい。

レンズ豆とラム肉のスープ仕立て

ラム肉の旨味がガツン！とくる絶品スープ

材料 4人分

乾燥レンズ豆 ＝ 50g
ラム肉 ＝ 200g
かぶ ＝ 50g（½個）
バター ＝ 15g
塩 ＝ 小さじ½
コショウ ＝ 小さじ¼
シナモン粉 ＝ 小さじ¼
バジル粉 ＝ 小さじ½
チキンスープストック
＝ 1カップ
ビーフスープストック
＝ 4カップ
水 ＝ 1.2ℓ

つくり方

1. 鍋にバターを入れ、軽く焼き色がつくまでラム肉を炒める。
2. 1に水とチキンスープストックを入れ、弱火で30分煮る。
3. 別の鍋に乾燥レンズ豆を入れ、15分煮て、2の鍋に入れる。
4. 2の鍋にさいの目に切ったかぶ、シナモン粉、バジル粉、ビーフスープストック、塩、コショウを入れ、弱火で10分煮て完成。

マスタードの海を泳ぐタラ

大西洋の恵みと宮廷貴族のサプライズ精神がマリアージュ！

材料 4人分

タラ＝200g（切り身4枚）
白ワイン＝100mℓ
水＝100mℓ
塩＝大さじ½
イタリアンパセリ＝1枚
ソース
- 粒マスタード＝200g
- バター＝5g
- 塩＝小さじ½
- 白パン粉＝½カップ

つくり方

1 鍋に水、白ワインを入れ、強火で沸騰させる。

2 1にタラと塩を入れ、弱火で15分煮る。

3 ボウルで粒マスタード、バター、塩、白パン粉を合わせ、ソースを作る。

4 2の煮汁100mℓをボウルに加える。

5 皿に4のソースを注ぎ、タラを盛りつける。イタリアンパセリを飾り完成。

point

タラがマスタードの海を泳いでいる、といった趣向の見世物料理。大皿で提供し、小皿に取り分けるときにソースの量を調整しよう。

chapter.4

リチャード3世の愉しみ

中世イングランド（15世紀）

骨が語る食料事情

2012年夏、あるニュースがイギリスじゅうを驚かせました。イングランド中部にある古都レスターの駐車場から、ヨーク朝（1461〜85年）の最後の王・**リチャード3世**とみられる遺骨が発掘されたのです。リチャード3世は、王位をめぐって争ったランカスター家との「ばら戦争」のさなか、ボズワースでの戦いで戦死したとされ、遺体の場所は謎に包まれていました。レスター大学の研究チームによるDNA鑑定の結果、発見された人骨は、リチャード3世その人であると判明しました。

戦場で命を落とす王は珍しいのですが、彼の受難はそれだけでは終わりませんでした。亡くなってから約100年後、シェイクスピアによる歴史劇『リチャード3世』が上演されました。劇中のリチャード3世は醜い冷酷非道な人物として描かれ、歴代

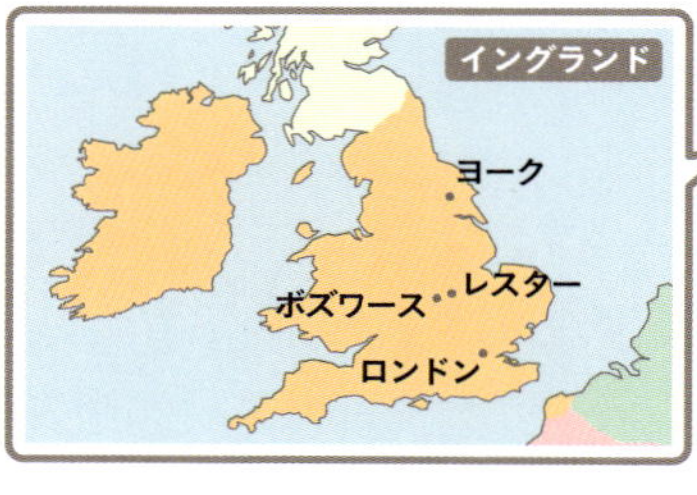

の王のなかでもひときわ悪名高い王として名を馳せることになります。無残に戦死し、死後に悪者に描かれ、埋葬された場所もわからず……。世界史に残る不遇の王といえます。しかし、近年の研究で名誉が回復されつつあり、2012年の遺骨の発見もその流れに弾みをつけました。この遺骨からは彼の意外な食生活が判明したのです。

リチャード3世の肋骨《ろっこつ》を分析した結果、彼が1483年にイングランド王に即位した直後から、高たんぱくの食事をとるようになったことがわかりました。伝承では、リチャード3世はクジャクや白鳥、鯉《こい》といったごちそうを食べたと伝えられており、それが科学によって裏付けられました。また、1日に1本のペースでワインを飲んでいたことも報告されています。もともと貴族出身でぜいたくな食事をしていたはずですが、イングランド王ともなるとさらに豪勢な料理を食べるようになるのでしょう。もしかすると美食家だったのかもしれません。中世貴族のリアルな食生活と、リチャード3世の意外な素顔が示された、歴史料理研究家にとってはビッグニュースでした。

さて、リチャード3世はほかにどんな料理を食べていたのでしょう。彼が生きた中世の食文化をのぞいてみます。

中世は「キラキラ時代」

中世は「暗黒時代」と呼ばれることもあり、なんとなく暗いイメージをもたれがち

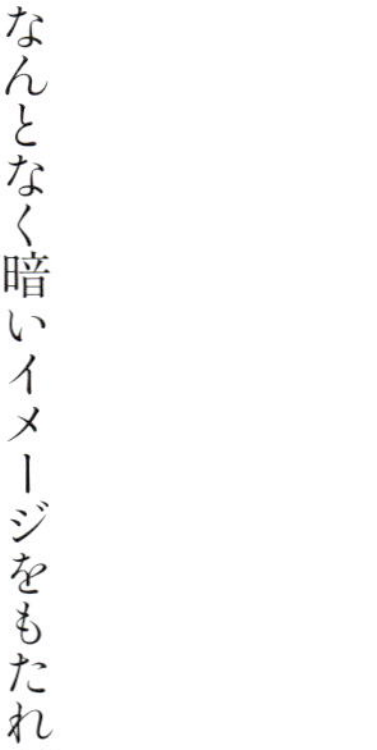

リチャード3世

1452〜85年。甥《おい》のエドワード5世の摂政だったが、政争の末、1483年にイングランド王に即位。2年後の1485年に、ボズワースの戦いで軍を率いた際に戦死した。遺骨は現在、レスター大聖堂に埋葬されている。

です。しかし、貴族の宮廷料理に関しては全く逆で、むしろ「キラキラ時代」か「カラフル時代」とでも呼ぶべき時代でした。ヘンリー4世（1367～1413）の戴《たい》冠式《かんしき》に出されたメニューをみてみましょう。3つのコースから成る43品目が記載されており、そのうちの1コースを引用します。

ミートのペッパーソース煮、王様好みの肉、牙のついたイノシシの頭、大戦車を模して、白鳥のひな、丸々と太ったケイポン（去勢した雌鶏）、雉、青鷺《あおさぎ》、骨髄《こつずい》と果物のカスタード・タルト、チョウザメ、大きな淡水カマス、装飾菓子

（『中世の饗宴』）

読んでいるだけで胃もたれしそうなラインアップですが、このようなコースがあと2つあったのですから、戴冠式のテーブルはさぞ壮観だったことでしょう。

見慣れない食材としては「牙のついたイノシシの頭」や「鷺」が挙げられます。これらは食べるというよりもその派手な見た目を楽しむための、いわば「見世物料理」でした。クジャクや鶴も同様に、その美しい見た目を生かして姿焼きとしてゲストにふるまわれ、お城のミニチュアや聖女や騎士の像といった、食べられないものも、中世の宮廷では料理に数えられました。引用にある「大戦車を模して」も見世物料理にあたります。

イングランド

1399	ランカスター朝成立
1452	リチャード3世誕生
1453	百年戦争が終結
1455	ばら戦争が勃発。ランカスター家とヨーク家の覇権争いが行われる
1461	ヨーク朝がはじまる。エドワード4世即位
1483	リチャード3世が即位
1485	ボズワースの戦いでリチャード3世戦死。テューダー朝成立

貴族たちは料理の見た目のなかでも、特に色にこだわりました。宮廷の庭に植えられた花や植物から、料理の着色料をこしらえたのです。たとえば、赤色はレッドサンダルウッド（紅木）、アルカンナ、黄色はサフラン、タンポポ、緑色はミント、パセリ、青色はヘリオトロープ、紫色はすみれの花、茶色・黒色は動物の血から作られました。

味つけに関しては、調味料やスパイスを大量に使っていたことが知られています。砂糖やコショウなど、海外から輸入する調味料やスパイスは大変高価なものでしたが、そうしたものほど見栄っ張りな貴族たちは使いたがりました。そのため中世の貴族たちは、かなり極端な味つけの料理を食べていたことになります。特にイングランドでは、砂糖やシナモンをふんだんに使った甘い味つけが好まれました。

中世宮廷料理は、大量の品数、派手な見た目と色彩、そして調味料の大量使用が大きな特徴でした。味よりも、見栄え、華やかさに意識を向けていたといっていいでしょう。貴族たちにとっては、料理はなによりも自分の富や権力をアピールするツールでした。リチャード3世が巻き込まれた「ばら戦争」をはじめ、宮廷では日々政争が繰り広げられましたが、食卓の上でもこうした権力闘争が行われていたのでしょう。

封建制度と食事の関係

上流階級の食事情に関する話が続いたので、次は庶民にも目を向けましょう。

王様好みの肉

当時、鹿肉は最高級の肉とされていた。シェイクスピアが若い頃、実家近くの庭園で鹿を盗んだという伝説が残っている。また、当時の料理書には「牛肉を鹿肉の味に近づける方法」という項目もあり、鹿肉への入れ上げ具合がうかがえる。

まずは農村です。中世末期のイングランドでは、封建社会がすでに成立していました。農民たちは土地を領主から借り受け、小麦、ライ麦などを育て、その一部を税として領主に納めていました。余った穀物は領主指定のかまどに持ち込み、お金を払ってパンを焼いていました。さらに貧しい人は、穀物をパンに加工する代わりに、ボイルしてお粥にしていたようです。野菜は領主に納める必要がなかったので、個人菜園でキャベツやにんじん、かぶなどが育てられ、貴重なビタミン源として重宝されました。肉類や卵、乳製品などは、当時の庶民にとってはめったに口にすることのできない高級食材でした。

都市では、自給自足の農村とは異なり、お金を払って食事や食材を調達することが当たり前になっていました。とくにロンドンは国際的な都市で、諸外国から多種多様な食材が持ち込まれ、テムズ川沿いにはお金持ち向けの飲食店や、24時間営業の軽食屋がそろっていました。一方で、貧困層は聖職者や富裕層が建てた施療院《せりょういん》で簡素なスープやパンを食べていました。農村・都市の両方で、富める者と貧しい者の食事の格差が拡大した時代だったようです。

さて、そろそろ当時の料理をみていきましょう。1390年頃に国王リチャード2世（1367～1400年）のリクエストに応えて宮廷料理長がまとめた『料理の方法』をはじめとする料理本がいくつか刊行されています。こうした資料から再現しやすいレシピを選び出し、現代人の口に合うようにアレンジしてみました。

≈1≈ 中世風 アーモンドライス

米は、10世紀にはヨーロッパへ持ち込まれていました。イベリア半島ではすぐに定着しますが、イングランドやフランスに持ち込まれたのはだいぶ遅れた14～15世紀頃でした。前述の『料理の方法』に、米とアーモンドを使った炊き込みご飯風のレシピがのっています。

アーモンドを取り出してそれらを洗い、米と混ぜ合わせて赤ワインと鍋で煮る。炒めたナッツ類を鍋に入れ、香辛料と甘味調味料と塩で味つけする。皿に盛り、砂糖菓子で飾って完成。

（『料理の方法』*）

アーモンドは粗く刻み、ナッツにはクルミを使います。赤ワインは風味が強く、アーモンドとの相性がいまひとつなので、白ワインに差し替えます。甘味が好きなイングランド貴族風に、香辛料にはシナモン、甘味調味料にはハチミツを用います。

全体に、あっさりした食材に差し替えたこともあり、ご飯とアーモンドの食感が楽しい、素朴な品に仕上がりました。仕上げに、ハチミツをお好みでかけて召し上がれ。

砂糖

ヨーロッパでは、中世初期には輸入されていた。12～13世紀、十字軍が中東のサトウキビ畑を奪ったのをきっかけに本格的に流通する。オスマン帝国にコンスタンティノープルを奪われ供給がストップしたが、ほぼ同時期に大西洋のマデイラ島にサトウキビ畑が発見され、技術者が送り込まれ生産が再開した。16世紀のイングランドでは砂糖1ポンド（0・45kg）でレモン240個が買えたという。

≈2≈アスパラガスのサラダ

アスパラガスは、現在のイギリスの定番料理です。もともとヨーロッパでは紀元前より利尿効果のある薬草として知られ、中世ヨーロッパでは、痛風に対する薬草として重宝されていました。

15世紀頃のイングランド国内では、まだアスパラガスの栽培ははじまっておらず、庶民の口に入ることはなかったようです。宮廷では輸入品のアスパラガスが食卓に上りました。1470年代にイタリアで出版された、ヘルシー志向の料理書『真の喜びと健康について』にレシピが紹介されています。

やわらかくなるまでアスパラガスをゆでる、もしくは蒸す。器に盛り、少量の塩、ビネガー、オイル、好みの調味料を静かに軽く混ぜてかける。すぐに提供する。
（*『真の喜びと健康について』）

非常にシンプルな調理法ですが、「好みの調味料」のチョイスは悩みどころです。はじめは中世らしく色合いを強調するため、アスパラガスの薄いグリーンに映えるような「濃い緑色」のソースを作ろうと考え、ミント、パセリなどを入れて、鍋のなか

アーモンドは加工しやすく保存も比較的効いたため、さまざまな料理に用いられた。なかでも、粉状にしたアーモンドと砂糖で生地をつくる砂糖菓子のマジパンはたいへんな人気を呼び、目を楽しませる料理として宮廷人に親しまれた。マジパンは、シェイクスピア『テンペスト』の宴会シーンにも登場する。

で木べらで潰して色味を出してみました。しかし、苦みや香りが強くなりすぎてしまいました。色の再現は断念し、オリーブオイル、赤ワインビネガー、塩に、当時貴族が新たに使うようになっていたコショウを少量混ぜました。大量のスパイスに慣れていた当時の貴族にとっては物足りないかもしれませんが、ここは現代人の味覚を優先させてもらいます。5分ほどでサッと作り、貴族が楽しんだアスパラガスの食感をやや現代風の味つけで楽しみましょう。

≈3≈マーメニー（黄金色のビーフシチュー）

中世イングランド風のビーフシチューを作ってみます。『料理の方法』にはこうあります。

牛肉を細かく切り、アーモンドミルク、卵黄、米粉、サフラン、塩、シナモン、クローブなどのスパイスとともに鍋に入れ、弱火で煮込む。とろみが出たら完成。

（*『料理の方法』）

「アーモンドミルク」はアーモンドの皮をむいて粉末にしたものを水出しし、過熱して作るミルク状のものです。市販品もありますが、甘味料や別の成分が入っている

サフラン

イングランドでは14世紀から東部のエセックスなどで栽培されるようになった。伝承では、中東のトリポリに出かけた巡礼者が、杖のなかにサフランの球根を隠して持ち込んだとされている。

ため、あまりオススメできません。手作りすると、けっこうな手間と時間がかかります。アーモンドミルクはもともとミルクの代替食材なので、再現料理では市販の牛乳を使いました。

サフランと卵黄によってスープが金色に染まり、中世料理らしい華やかな見た目に仕上がります。イングランド人は赤色と黄色に染められた料理を好んだといわれています。

牛肉の脂やエキスがスープに染み込み、落ち着いた優しい味わいが特徴です。エールビールを入れるとさらにスープにコクが増します。お酒を飲んだ後の、シメの一品にいかがでしょうか。

≈4≈レンズ豆とラム肉のスープ仕立て

宮廷には、しばしば外国から客賓が来ていました。イングランド人は彼らを迎え入れるにあたって、異国風の料理を取り入れることもあったようです。正確なレシピは残されていませんが、スペインとドイツ方面に伝わる宮廷料理から、イングランド流のおもてなし料理を想像してみます。13世紀のアンダルシア地方（現在のスペイン）には、こんなレンズ豆のレシピが残っています。

レンズ豆を洗い、水、油、コショウ、コリアンダーと刻んだタマネギを鍋に入れ、沸騰するまで煮る。塩、サフラン、ビネガー、溶き卵を加えて、2～3分熱する。

（*『Fadälat al-Jiwān fī tayyibāt al-ta'ām wa-l-alwān』）

アンダルシアは長らくイスラム教徒が治めていた土地で、当時はキリスト教徒がイスラム教徒から土地を取り返す国土回復運動《レコンキスタ》の真っただなかでした。この調理法は中東もしくは北アフリカの影響を受けているはずです。具がやや寂しいので、かぶの料理とミックスさせます。15世紀ドイツの料理書に以下の記述があります。

かぶの皮をむいて、さいの目に切り、中火で5～10分煮る。牛肉のブイヨンとバターを加えて、5分とろ火で煮て完成。

（*『Ein New Kochbuch』）

この2つのレシピをミックスさせ、ヨーロッパで伝統的に食べられていたラム肉を入れます。味に深みを出すため、チキンスープストックも追加し、イングランド人が大好きな香辛料であるシナモンをプラスしました。

レンズ豆のはたらきで臭みの抜けたラム肉がおいしい、旨味成分たっぷりのスープです。キリスト教圏とイスラム教圏両方の味を取り込んだ一品をお楽しみください。

≈5≈マスタードの海を泳ぐタラ

中世では魚もよく食べられていました。キリスト教の断食では肉を食べることは禁じられ、魚を食べることは許されていました。イングランドの貴族たちが特によく食べたのが**タラ**でした。王たちの食料品リストにもしばしば登場します。

当時のもっともポピュラーなタラの料理法に、白ワインの蒸し煮があります。1393年のフランスの料理書に、わかりやすくまとまっています。

新鮮なタラを用意し、白ワインと塩で軽く煮つめ、バターまたはマスタードの黄色のソースで食べる。

（『Le Ménagier de Paris』*）

見ての通り、タラを白ワインで蒸すシンプルな手順です。レシピには分量が書いてありませんが、調味料を大量に使うのが中世料理の常識です。この料理では粒マスタードを大量に使った、おいしいソース作りに挑戦してみました。

まず粒マスタードを1カップ分用意し、これをソースのベースにします。さらに原典にあるバター、塩、そしてソースにボリュームを出すために白パン粉を入れます。

タラ

イングランド人にとって、タラはもっとも身近な魚といわれる。「フィッシュ・アンド・チップス」はイングランド発祥で、この「フィッシュ」はタラのこと。イングランド海軍も干しダラを船上での保存食にしていた。

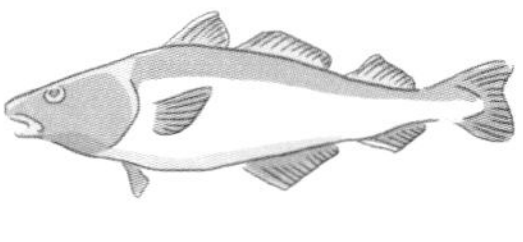

さらに、タラの煮汁を加えれば、辛さのなかに旨味が宿る、深い味わいのソースが作れます。

盛りつけるときには、大皿にソースをためてから、その上にタラを配置してください。個人でソースの量を調整できるように、小皿を用意するのも忘れずに。粒マスタードの分量の多さに驚いてくれたら「見世物料理」としても大成功です。

本当はおいしい中世料理

中世料理について調べはじめると、「調味料の大量使用」や「見栄え重視」といった味とは関係なさそうな情報にぶつかります。そうするとやはり味が心配になるものです。多くの研究書には「現代人の味覚には合わない」と書いていますし、「音食紀行」のイベントに来てくださった方に「中世で、しかもイングランドって、本当においしいんですか？」と不安そうに聞かれたこともあります。

そういうこともあって、私は機会があればいつも「中世料理はおいしいんです！」と宣言するようにしています。なぜなら、中世料理は本当においしいのに、間違ったイメージをもたれるのは残念だからです。実際、中世料理は調味料の量を抑えて作りさえすれば、甘味と旨味がたっぷりの、見た目も楽しい料理です。今回再現した料理でいえば「中世風アーモンドライス」「マーメニー」はまさにそんな料理です。アーモンドやハチミツを多用したり、サフランや卵を「着色食材」として使ったりとユニークなアイデアも多く、作っていて楽しいのも中世料理の特徴です。

また、中世料理からは、視覚や食感でも料理を楽しもうとする姿勢が感じられます。当時の貴族たちは、五感全てを使って食を楽しもうとしていたのではないでしょうか。美食家の説が浮上しているリチャード3世も、もしかするとそんな貪欲な貴族の1人だったかもしれません。

食べてもらえばきっとハマる中世料理。イベントでも「いい意味で裏切られた」という声をたくさんもらっています。その甘みや見た目のかわいさから、子どもたちにも喜んでもらえるのではと考えています。ぜひイングランドの中世料理をご家族でめしあがって、500年前に生きた貴族たちの、食への探究心と遊び心を体験してみてください。

chapter.5

レオナルド・ダ・ヴィンチの厨房

ルネサンス期イタリア
（16世紀）

ダ・ヴィンチのサラダ、教皇料理番の調味料、
新大陸の恵み、メディチ家のスイーツが登場。
体が喜ぶヘルシーなルネサンス料理をめしあがれ！

MENU

イチジクの温製サラダ

イチジクの素朴な甘味が口いっぱいに広がる！
レオナルド・ダ・ヴィンチも愛したヘルシーレシピ

材料 4人分

干しイチジク ― 50g
ソラ豆 ― 200g
タマネギ ― 100g（½個）
にんにく ― 1片
セージ粉 ― 小さじ½
ローズマリー粉 ― 小さじ½
バジル粉 ― 小さじ½
タイム粉 ― 小さじ½
ナツメグ粉 ― 小さじ¼
イタリアンパセリ ― 3枝
塩 ― 適量
コショウ ― 適量
オリーブオイル ― 適量

つくり方

1 干しイチジク、ソラ豆、タマネギを粗めにみじん切りし、にんにく、イタリアンパセリ2枝を細かく刻む。

2 オリーブオイルをひいたフライパンに、1とセージ粉、ローズマリー粉、バジル粉、タイム粉、ナツメグ粉を入れる。

3 時々かき混ぜながら5分炒める。

4 塩、コショウをして味をととのえて皿に盛り、仕上げに飾り用のイタリアンパセリ1枝を散らす。

2

3

point
飾りつけのハーブはバジルやフェンネルでも可。ハーブ類を減らし、マスタードを入れてもいい。

インゲン豆のミネストローネ

イタリア野菜が大集合！滋養たっぷりスープ

材料 4人分

インゲン豆 ═ 50g
タマネギ ═ 100g（½個）
にんじん ═ 100g（½本）
キャベツ ═ 150g（⅛個）
長ネギ ═ 200g（2本）
ズッキーニ ═ 300g（2本）
リゾーニ ═ 20g
にんにく ═ 1片
バジル ═ 1枝
クローブ ═ 1本
ローズマリー ═ 2枝
イタリアンパセリ ═ 1枝
水 ═ 1.2ℓ
オリーブオイル ═ 適量

つくり方

1 インゲン豆、にんじん、キャベツ、長ネギ、ズッキーニ、バジル、クローブ、ローズマリー、イタリアンパセリをみじん切りにする。

2 フライパンにオリーブオイルをひき、刻んだにんにくと粗みじん切りしたタマネギを香りが出るまで中火で1分炒める。

3 鍋に水を入れ沸騰させ、1と2を入れる。さらにリゾーニを入れ、30分煮込んで完成。

リーズィ・エ・ビーズィ
（生ハムとグリーンピースのリゾット）
ヴェネチア発のおいしいお米レシピ

材料　4人分

米 ＝ 1½カップ
グリーンピース ＝ 100g
生ハム ＝ 40g
タマネギ ＝ 100g（½個）
バター ＝ 30g
パルミジャーノ・レッジャーノ
（粉チーズ） ＝ 20g
塩 ＝ 適量
コショウ ＝ 適量
チキンスープストック ＝ 1ℓ
水 ＝ 300mℓ

つくり方

1. 大きなフライパンでバターを熱し、タマネギを5分炒める。生ハムを加え、かき混ぜながら2分炒める。
2. 米とグリーンピースを加えて2分炒めて、チキンスープストックと水を注ぐ。
3. 煮立ったら弱火にし、ふたをせず時々かき混ぜながら25分ほど煮る。
4. 塩、コショウで味をととのえて盛りつける。パルミジャーノ・レッジャーノをすりおろして、別皿に盛っていただく。

鶏肉ソテーの教皇風

ルネサンスの万能調味料で味つけ！

材料　4人分

鶏もも肉 ＝ 400g
砂糖 ＝ 小さじ½
ジンジャー粉 ＝ 小さじ½
ナツメグ粉 ＝ 小さじ½
シナモン粉 ＝ 小さじ½
クローブ ＝ 2本
ローズマリー ＝ 1枝
レモン ＝ 40g（½個）
オリーブオイル ＝ 50mℓ
グリーンサラダ ＝ 80g
塩 ＝ 適量
コショウ ＝ 適量

つくり方

1. 鶏もも肉にまんべんなくレモンをすり込み、塩、コショウで下味をつけて10分やすませる。
2. 大きなフライパンでオリーブオイルを熱し、鶏肉と砂糖、ジンジャー粉、ナツメグ粉、シナモン粉、すり潰したクローブを入れ、30分ほどかけて何度もひっくり返しながらキツネ色になるまで焼き上げる。
3. 鶏肉を取り出し、一口大に切る。器にグリーンサラダを敷いて、その上に鶏肉を盛りつける。フライパンに残った煮汁をかけ、ローズマリーを添えて完成。

point
鶏もも肉は1時間ほど前に冷蔵庫から出しておくと火が入りやすい。

ソルベット・ディ・アランチャ
（オレンジシャーベット）

甘酸っぱくて爽快なメディチ家の至宝

材料 4人分

オレンジ ＝ 2個
オレンジジュース ＝ 300mℓ
レモン汁 ＝ 50mℓ
卵白 ＝ 1個分
砂糖 ＝ 大さじ1
シナモン粉 ＝ 大さじ2
ジンジャー粉 ＝ 小さじ2
ナツメグ粉 ＝ 小さじ2
ミント ＝ 適量

つくり方

1 オレンジの皮をすりおろし、果肉をしぼってジュースにする。

2 鍋に1とオレンジジュース、レモン汁、砂糖、シナモン粉、ジンジャー粉、ナツメグ粉、メレンゲ状にした卵白を入れ、沸騰させる。

3 火を弱め、かき混ぜながら砂糖が溶けきるまで、5分弱火にかける。

4 ボウル、ザルを重ねて3を注ぎ、分離した液体を冷蔵庫で1時間冷やす。

5 ザルに残った固形物をミキサーにかけ、冷蔵庫で1時間冷やす。

6 バットに4と5を入れ、冷凍庫で固まるまで冷やす。

7 固まったら器に盛りつけ、ミントで飾る。

chapter.5

レオナルド・ダ・ヴィンチの厨房

ルネサンス期イタリア（16世紀）

レオナルドの家計簿

14～16世紀にかけ、ヨーロッパ各地でギリシャ・ローマの文化を復興しようという運動が起こり、すぐれた芸術作品が生み出されました。いわゆるルネサンスです。**レオナルド・ダ・ヴィンチ**は、このルネサンスの成熟期を代表する芸術家です。『モナ・リザ』『最後の晩餐』といった絵画が有名ですが、彫刻家、建築家、科学者など多分野に才能を発揮した人物でした。彼は一体どんな料理を食べていたのでしょうか。

レオナルドはかなりの「メモ魔」で、作品のアイデアからその日に買った食材までなんでも書き留めていました。なかには「家計簿」ともいえる手稿が多数残されています。1503年4月8日、レオナルド51歳のときのメモをみてみましょう。ソルド、デュカートは当時の貨幣の単位です。

ワイン 9ソルド4デュカート／パン 6ソルド4デュカート／肉 4ソルド／黒イチゴの実 2ソルド4デュカート／サラダ菜 3ソルド4デュカート／果物 1ソルド／ろうそく 3ソルド／ヤマウズラ 1ソルド／小麦粉 2ソルド

（『レオナルド・ダ・ヴィンチの食卓』）

「家計簿」から彼の生活が垣間見え、肉とワインをセットで買っていたことがわかりました。レオナルドは菜食主義者だといわれていますが、野菜しか食べなかったわけではないようです。彼が食べていたであろう食事を再現する身としては、料理のバリエーションが広がるので、これはうれしい発見です。

食のルネサンスと節度

芸術、音楽、思想に影響を与えたルネサンスは、食の分野にも及びました。

各都市の君主の館では饗宴《バンケット》が開かれ、中世の王侯貴族と同じ様に派手な演出が好まれました。貴族階級らしく、より美しく、目新しいものがテーブルに上ったようです。彼らの代表的な支配者が、ルネサンスの中心にいたフィレンツェのメディチ家です。彼らの饗宴は、動物を立たせた状態で焼いたり、パイから生きた小鳥が飛び出したりとエン

レオナルド・ダ・ヴィンチ

1452〜1519年。ヴィンチ村に生まれ、フィレンツェ、ミラノ、フランスなどで貴族やパトロンの庇護《ひご》を受け、あるいはフリーランスとして、絵画や彫刻などの創作を続けた「万能人」。食に関する発明も多く、オリーブの実潰し機や、肉焼き機などを設計している。

ターテイメント要素が盛りだくさんでした。

このようにルネサンス期の宮廷料理では、美食と派手なビジュアルがさらに追求された一方で、「節度」の概念が持ち込まれたことも見逃せません。人文主義者の**プラーティナ**がその「仕掛け人」です。プラーティナが1470年代に発表した料理書『真の喜びと健康について』が、その後のルネサンス料理の新潮流を作り出します。

プラーティナは、15世紀半ばにローマで活躍していたマルティーノという宮廷料理人のレシピを、自身の著作を通じて広めました。そのレシピは素材の味を生かしたシンプルなもので、中世料理とは決定的に異なっていました。富や権力の象徴として多用されていた香辛料が最小限に控えられていたのです。香辛料は薬の代用品であり、薬の効果を期待するなら少量で十分でした。これ以降、イタリアを中心にヨーロッパ全体で香辛料の使用は抑制方向に向かいます。

さらに、プラーティナは食事の準備や食べ方など、テーブルマナーを啓蒙《けいもう》しました。テーブルクロスとナプキンは白いものを使い、ナイフや食器はよく洗い、清潔感を保つよう説《と》きました。また、胃に優しいものから食べはじめ、時間をかけてよく噛《か》むことなど、消化を助けるためのアドバイスもしています。清潔な環境で、胃に負担をかけないように食べる——現代人には当たり前に聞こえますが、当時の貴族にとっては新鮮に感じるアドバイスだったに違いありません。

レオナルドもプラーティナの本を読んでいました。彼の健康観はプラーティナの影

イタリア

1434	メディチ家がフィレンツェを支配
1452	レオナルド・ダ・ヴィンチ生まれる
1470年代	プラーティナ『真の喜びと健康について』を発表
1492	コロンブスがアメリカ大陸に到達
1494	イタリア戦争が勃発
1503	レオナルド『モナ・リザ』着手
1519	レオナルド死去
1533	カトリーヌ・ド・メディシスがフランス王子アンリ・ド・ヴァロワと結婚

響を強く受けており、それを裏づけるように、こんな教訓歌をメモに残しています。

健康でありたいなら、次の養生法を守ること／食欲がなければ何も食べず、食べるときは少なめを／よく噛むように心がけ、口にするものは何であれ／淡白な素材を選び、よくよく火を通すこと。

（『ルネサンス料理の饗宴』）

ちなみにメディチ家の当主たちは、贅沢病《ぜいたくびょう》といわれた痛風が原因で亡くなっています。それでも懲《こ》りずに、派手な饗宴を続ける彼らをみて、レオナルドはなにを思っていたのでしょうか。もしかすると、貴族たちを反面教師にして、節度ある食生活の大切さを感じていたのかもしれません。

上から下まで「野菜喰い」

ルネサンス期までの貴族たちは羊、子羊、牛肉などの肉類を食べ、野菜はアスパラガスやアーティチョークなど希少価値があるもの以外は全く受けつけませんでした。そして野菜を食べていた農民を「野菜喰い」と呼んで馬鹿にしていました。支配階級は肉、被支配階級は野菜といった具合に、階級制が食卓にも及んでいました。貴族た

プラーティナ

1421～81年。本名バルトロメオ・サッキ。家庭教師や教皇の書記を経て、ヴァチカン図書館の初代館長に任命された。著作『真の喜びと健康について』はラテン語で書かれており、読者は上流階級の貴族や宮廷料理人だった。

ちが体を壊すのも無理はありません。

プラーティナやマルティーノは、そうした階級意識からは自由でした。彼らは農民たちの野菜中心の食文化に注目します。ほかのルネサンス文化人たちと同様に古代ギリシャ、古代ローマに立ち返り、先人たちが野菜を健康食として多食していたことに目をつけたのでしょう。ヴァチカン図書館の館長という要職にあったプラーティナの言葉が効いたのか、貴族たちも少しずつではありますが野菜を受け入れはじめます。なかでも、いち早く定着した野菜料理がミネストローネ（野菜スープ）でした。栄養価の高い料理が評価されたのでしょう。

これ以降イタリアでは、階級にとらわれず〝上から下まで〟野菜を食べる習慣が根づき、結果として農民を指した「野菜喰い」という呼称は、イタリア人そのものを指す言葉に変化していきます。

体にいいものを食べて、健康に生きていく。ルネサンス期の思想にみられる、人間の主体性を尊重する精神は食文化にもあてはまるようです。では、レオナルドをはじめとするルネサンス人たちが食べていた料理をみていきましょう。

≈1≈イチジクの温製サラダ

プラーティナの『真の喜びと健康について』に掲載されている、イチジクと豆を使

地中海性気候で温暖なイタリアでは野菜がよくとれた。ルネサンス期に食べられていたのはキャベツ、ネギ、ほうれん草、レタス、タマネギ、にんにく、豆類。ナスやメロンといった十字軍の影響でアラブ世界から入ってきた野菜・果樹も定着しつつあった。

ったレシピです。この本はレオナルドが所有していた唯一の料理書でした。彼はどのように調理したのでしょうか。プラーティナのレシピにはこうあります。

油を熱したフライパンにやわらかくしたソラ豆を入れ、タマネギ、イチジク、セージ、庭にある好みのハーブを加えて炒める。厚板か円盤状の板にケーキ状にまとめ、スパイスをかける。

（『真の喜びと健康について』*）

イチジクはイタリアでは古くから農民に親しまれ、レオナルドの好物でもありました。再現料理では、ドライフルーツを使います。

ソラ豆もレオナルドにとって身近な食材でした。「家計簿」のなかにも豆類を買った記録が多く残っています。彼の出身地であるトスカーナ地方では、豆の消費量が特に多く、トスカーナ人は「豆喰い」と呼ばれたほどです。

干しイチジクは、火を通すと驚くほど甘味が増します。ソラ豆をそのまま炒めたところ、粒が大きいせいかイチジクやほかの野菜とうまく絡まなかったので、粗く刻んでみました。しっかりしたソラ豆の味がイチジクの甘さを受け止めて、バランスのいい料理に仕上がりました。

≈2≈ インゲン豆のミネストローネ

レオナルドの好物には、シンプルなミネストローネもあります。再現料理では、レオナルドの時代にイタリアに流通しはじめたインゲン豆を使ってみます。インゲン豆は、大航海時代に新大陸からやってきた食材でしたが、ソラ豆に似ていたためにすぐに受け入れられました。レオナルドの「家計簿」にも購入の記録が残っています。

農民たちの食卓に欠かせなかったタマネギやにんじん、キャベツ、長ネギも入れてみます。さらに、イタリア料理の代名詞パスタも投入します。パスタの起源は古く、古代ローマ時代以前にすでにその原型は存在していました。今回は、ほかの野菜の大きさに合わせて、米粒状のリゾーニを用いました。

農民の常食ですので、高級品だった塩、コショウや香辛料は使っていません。野菜の味が溶け合い、二日酔いの日にほしくなるような、ヘルシーなスープになりました。

≈3≈ リーズィ・エ・ビーズィ

(生ハムとグリーンピースのリゾット)

このリーズィ・エ・ビーズィは、ポー川があるヴェネト州に伝わる古い米料理です。

トマトはその鮮やかな色から観賞用の植物としてヨーロッパに紹介され、なかなか食用にはならなかった。17世紀末にナポリの料理人がトマトソースのレシピを考案したことをきっかけに高級料理に顔を出すようになる。

ポー川流域はヨーロッパを代表する稲作地帯でした。

レオナルドは1499年の第二次イタリア戦争の際、ヴェネツィアで軍事技術者として働きました。ポー川流域で米の栽培をするための水路デザインを、手稿に書き残しています。レオナルドは1年ほどヴェネツィアに滞在していましたから、米料理を食べる機会もあったはずです。

タマネギ、生ハム、グリーンピース、米をさっと炒めて、チキンスープストックと水を加え、火にかけます。水分が減ってきたら器に盛りつけ、パルミジャーノ・レッジャーノをかけて完成です。

米とグリーンピース、生ハムの相性が抜群で、イベントでの人気料理の1つです。水の量を増やしてスープリゾットにしてもおいしいです。

≈4≈ 鶏肉ソテーの教皇風

バルトロメオ・スカッピ（1500～77年）は、ローマ教皇ピウス4世やピウス5世に仕えた宮廷料理人です。彼の料理書『オペラ』では、ルネサンス風「万能調味料」のブレンド法が紹介されています。

経験は私に教えてくれる。あらゆる香辛料は――新鮮で、収穫から1年たって

いないものは――よい香りをつけ、料理の味を引き立ててくれる。調味料を混ぜておき、さまざまな料理に使えるよう備えておくとよい。計1パウンドの調味料になるように、それぞれの分量を記す。
シナモン4½オンス、クローブ2オンス、ショウガ1オンス、ナツメグ1オンス、グレインズオブパラダイス½オンス、サフラン¼オンス、砂糖1オンス
（『オペラ』*）

これらの調味料をブレンドして瓶に入れておけば、ルネサンス風の万能調味料のできあがりです。グレインズオブパラダイスは、コショウで代用します。
ローマ教皇領があったウンブリア州では鶏肉料理が有名です。この鶏肉を、スカッピ直伝の調味料で下味をつけて炒めました。ルネサンス人好みの甘めの味つけですので、ローズマリーとレモンで引きしめています。もしかしたらローマ教皇も食べたかもしれない味をお楽しみください。

≈5≈ソルベット・ディ・アランチャ
（オレンジシャーベット）

ルネサンス期イタリアで育まれた料理文化は、16世紀前半にフランスに持ち込まれ

ます。そのキーパーソンが、メディチ家の令嬢で、後にフランス王妃となる**カトリーヌ・ド・メディシス**（イタリア語ではカテリーナ・デ・メディチ）です。

　レオナルドが亡くなった日の15日後に生まれたカトリーヌは、14歳のときにフランス王室に嫁ぎます。輿入《こし》れの際にメディチ家の料理人や給仕を連れてフランスへ移ったため、フランス宮廷の食文化に大きな影響を与えます。とりわけ、多種多様なデザートが宮廷人を引きつけました。

　カトリーヌのお気に入りだったデザートに、イタリア語のソルベットに由来するシャーベットがあります。王妃お抱えの製菓職人たちは、結婚の祝典に香りづけした氷菓を出しました。実際のレシピは残っていませんが、メディチ家の製菓職人が作ったであろうルネサンス風のシャーベットを想像してみます。

　オレンジの果汁と皮のすりおろしをベースにします。さらに当時のシャーベットのフレーバーだったレモンの果汁、香りづけのシナモン粉、そして隠し味にジンジャー粉を使います。香辛料はルネサンスの流儀にならって少量にしておきます。

　シャーベットは今でこそ夏の定番デザートになりましたが、当時は貴族のなかでも食べられる人は一握りの、超ＶＩＰ向けデザートでした。天才レオナルドも食べられなかった宮廷デザートをめしあがれ。

カトリーヌ・ド・メディシス

1519～89年。夫のアンリ2世を事故で亡くし、幼いシャルル9世が即位すると王母として摂政の役職に就く。パトロン活動も行い、フランスにおけるルネサンスの火つけ役になった。

天才のエネルギー源

ルネサンス期のイタリア料理は、素材そのものの味を生かした、シンプルで力強い料理です。香辛料を大量に使う中世料理とは異なり、レシピ通りに調理してもおいしい料理ができあがるのには驚きました。

レオナルドは粗食を心がけていました。粗食といっても、栄養の乏しい粗末な食事ではなく、プラーティナやマルティーノが提唱した、栄養バランスがとれた、野菜中心の食事です。彼は67歳で亡くなりましたが、当時としてはかなりの長寿でした。しかも一生を通じて定住せず、晩年近くまで創作や研究への情熱は失いませんでした。

なぜこんなにエネルギッシュな人物だったのか。さまざまな説があるでしょうが、個人的には、彼の原動力は、この「ルネサンス飯《めし》」にあったように思えてなりません。

新鮮な素材を使い、短時間で用意でき、しかもヘルシーなルネサンス料理は、時間に追われる現代人の私たちにもぴったりくるのではないでしょうか。ぜひ、ルネサンスの天才も舌鼓《したつづみ》を打った品々を試してみてください。

ミラノ風
オレンジジュース

1530年前後のミラノ大司教の晩餐会では「オレンジづくし」のコース料理が供された。例えば、キャビアとオレンジのフライ、牡蠣のオレンジ添え、オレンジのフリッターなどなど。この日のコースに合いそうなルネサンス風のオレンジジュースを想像してみた。

【材料】
オレンジジュース……200㎖
シナモン……小さじ1
砂糖……小さじ1
コショウ……小さじ½
レモン汁……大さじ2

chapter.6

マリー・アントワネットの日常

フランス・ブルボン朝
（18世紀）

フォンとソースの発明は、もう1つの革命だった。
ヒラメ、牛肉、トマトを使った優雅な宮殿料理を、
ヴェルサイユ宮殿の住人になりきっていただこう！

MENU

ヒラメのホワイトソースがけ

ヒラメ、牛乳、フォンのアンサンブル！
フランス王室最盛期のメインディッシュ

材料 4人分

ヒラメ ═ 200g（切り身4枚）
カットトマト ═ 400g（1缶）
タマネギ ═ 200g（1個）
セロリ ═ 100g（1本）
パセリ ═ 5g
白ワイン ═ 50mℓ
牛乳 ═ 50mℓ
バター ═ 80g
薄力粉 ═ 適量
塩 ═ 適量
コショウ ═ 適量
フュメ・ド・ポワソン
- 白身魚（ヒラメでも可）═ 50g
- タマネギ ═ 15g
- セロリ ═ 20g（1/5本）
- 水 ═ 500mℓ
- バター ═ 10g
- ローリエ ═ 1枚
- タイム ═ 適量
- コショウ ═ 適量

2

つくり方

1 タマネギ、セロリを2〜3㎜幅に切る。

2 フライパンでバターを熱し、カットトマト、1の半量のタマネギ、セロリを入れる。その上にヒラメをのせ、パセリの茎を刻んで散らす。

3 フュメ・ド・ポワソンと白ワインを加え、ふたをして弱火で煮る。ヒラメの身が白くなったら、ヒラメだけを器に移す。

4 フライパンに牛乳を加え、沸騰したら弱火にしてバター、薄力粉、1の残り半量のタマネギ、セロリを入れて混ぜ合わせる。

5 とろみがついたら、塩、コショウで味をととのえ、野菜を器に盛りつける。

6 残った煮汁をホワイトソースとして器にかけ、パセリの葉を刻んで散らして完成。

フュメ・ド・ポワソンのつくり方

1 鍋に水を入れ、白身魚を入れて煮込む。

2 フライパンにバターをひき、タマネギ、セロリを入れて炒める。

3 鍋に2とローリエ、タイム、コショウを入れ、1時間かけて煮汁が半量になるまで煮込む。

シャンヴァロン風 豚肉とジャガイモの煮込み

新大陸の野菜を取り入れた宮廷発レシピ

材料 4人分

厚切り豚ロース ＝ 480g（4枚）
ジャガイモ ＝ 600g（4個）
タマネギ ＝ 200g（1個）
塩・コショウ ＝ 適量
サラダ油 ＝ 適量
タイム ＝ 適量
ローリエ ＝ 2〜3枚
バター ＝ 適量
にんにく ＝ 1片
鶏のフォン
　チキンスープストック ＝ ½カップ
　にんじん ＝ 50g（¼本）
　タマネギ ＝ 100g（½個）
　長ネギ ＝ 100g（1本）
　セロリ ＝ 100g（1本）
　にんにく ＝ 2片
　クローブ ＝ 適量
　ブーケ・ガルニ ＝ 1袋
　水 ＝ 1ℓ

つくり方

1 鶏のフォンを作る。鍋に水を注ぎ、材料を入れ1時間かけて水が半量になるまで弱火で煮込む。

2 フライパンでサラダ油を熱し、塩、コショウをした豚ロースを焼く。両面焼けたらグラタン皿へ。

3 2のフライパンから油分を取り除き、バターを溶かす。薄切りにしたタマネギ、みじん切りしたにんにくを入れ、塩、コショウをして炒める。

4 タマネギがあめ色になったら、鍋に移し、鶏のフォンを注ぐ。

5 ジャガイモの両端を切り落とし、皮をむいてきれいな円筒形にしてから、5㎜幅に切って鍋に加え、塩、コショウをして中火で煮る。

6 ジャガイモに軽く火が通ったら、2の豚肉の上にのせる。タイム、ローリエを加え、バターをちぎって2〜3か所にのせる。

7 200℃のオーブンで1時間焼いて完成。

材料　4人分

牛肉＝200g
キャベツ＝500g（½個）
カットトマト＝400g（1缶）
タマネギ＝200g（1個）
水＝100mℓ
赤ワイン＝50mℓ
オリーブオイル＝50mℓ
タイム＝適量
ローリエ＝1枚
にんにく＝1片
塩・コショウ＝適量
粉チーズ＝お好みで
フォン・ド・ヴォー
- 牛すじ肉＝50g
- 牛すね肉＝50g
- タマネギ＝200g（1個）
- にんじん＝50g（¼本）
- セロリ＝100g（1本）
- にんにく＝2片
- トマトペースト＝50g
- タイム＝1枚
- ローリエ＝1枚
- コショウ＝適量
- 水＝2ℓ

つくり方

1 キャベツをざく切りに、にんにくは粗みじんに、牛肉は一口大に、タマネギは1cm幅のくし型に切る。

2 鍋にオリーブオイル、タイム、ローリエ、にんにくを入れ、熱する。

3 塩、コショウをした牛肉、タマネギを入れ、炒める。

4 2〜3分炒めたら、フォン・ド・ヴォー、水、カットトマト、キャベツ、赤ワインを入れ、中火にする。

5 沸騰したら、ふたをして弱火にし、30分煮る。

6 水気をとばしてできあがり。粉チーズはお好みで。

フォン・ド・ヴォーのつくり方

1 鍋に水と粗く切ったタマネギ、にんじん、セロリ、にんにくを入れ、他の材料といっしょに煮込む。

2 1時間かけて煮汁が半量になるまで煮込む。

牛とキャベツのトマト煮込み

アントワネットの晩餐会メニュー

マグロのマリネ

断食日にうってつけのお魚料理

材料 4人分

マグロ ＝ 150g
長ネギ ＝ 50g（½本）
きゅうり ＝ 50g（½本）
セロリ ＝ 50g（½本）
マリネ液
- オリーブオイル ＝ 50mℓ
- 魚醤 ＝ 20mℓ
- 塩 ＝ 5g
- 砂糖 ＝ 10g
- レモン ＝ 1切れ
- にんにく ＝ 1片

つくり方

1. マリネ液を作る。ボウルにオリーブオイル、魚醤、塩、砂糖、レモンのしぼり汁、すりおろしたにんにくを入れてよく混ぜる。
2. マグロはサイコロ状に、長ネギ、きゅうり、セロリは輪切りにし、10分間冷水につけ、水気をよく切る。
3. 1と2を混ぜ合わせ、冷蔵庫に30分入れておく。
4. 食べる直前に冷蔵庫から取り出して、器に盛りつけて完成。

point
魚醤はナンプラー、しょっつる、いしりなど魚ソースであれば、どれを使用してもよい。

コメルシー風 マドレーヌ
レモン風味が爽やかな18世紀スタイル

材料 6個取り×2回分

アーモンドパウダー ＝ 30g
粉砂糖 ＝ 60g
薄力粉 ＝ 100g
塩 ＝ 1g
卵白 ＝ 90g
バター（食塩不使用）＝ 100g
バニラビーンズ ＝ 少量
レモン ＝ 25g（1/4個）
バター（型用）＝ 5g

つくり方

1 マドレーヌ型に型用のバターを塗り、オーブンを予熱しておく。

2 アーモンドパウダー、粉砂糖、薄力粉、バター、塩をボウルに入れ、メレンゲにした卵白、さやから出したバニラビーンズ、すり潰したレモンの皮と果汁を入れて混ぜる。

3 型に2を入れ、200℃のオーブンで20分焼く。

point
粉砂糖をグラニュー糖、バニラビーンズをバニラエッセンスで作れば現代風。当時との違いを楽しむのもオススメ。

chapter.6

マリー・アントワネットの日常

フランス・ブルボン朝（18世紀）

謎に包まれた王妃の食事

18世紀、フランスの宮廷文化は最盛期をすでに終え、衰退の傾向にありました。そんななかにあっても華々しい宮廷文化のシンボルとして、そのドラマチックな生涯とともに語られる人物が、ブルボン朝の王妃**マリー・アントワネット**です。

「パンがなければ、お菓子を食べればいいじゃない」という発言が有名ですが、実際はゴシップ紙によるデマだったことがわかっています。ただ、菓子は本当に好きだったようで、出身国のオーストリアから取り寄せて食べていました。

では、菓子以外で、マリー・アントワネットは何を好んで食べていたのか、これはよくわかっていません。彼女は従臣の前では食べる仕草をするだけで、実際に食事はしませんでした。自身の結婚式でもほとんど料理に手をつけず、むしろ居合わせた人

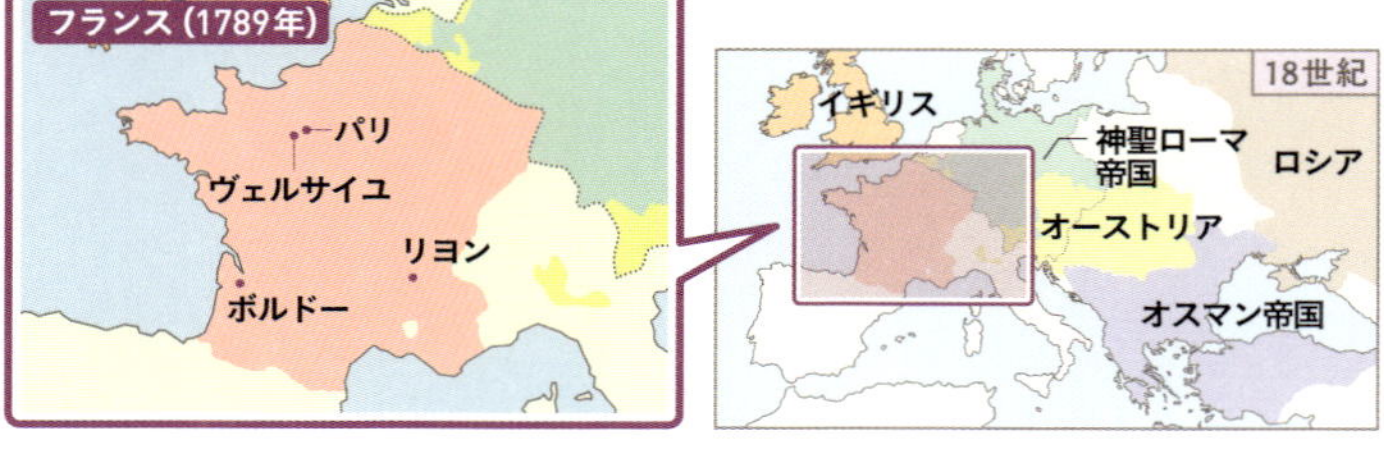

びとは、夫のルイ16世（1754〜93年）が夢中でガツガツと料理を食べる様子に目を奪われていたようです。マリー・アントワネットの食に関する逸話が少ないのは、大食漢の夫の影に隠れていたせいかもしれません。

マリー・アントワネットのプライベートの食生活を知るヒントが、ヴェルサイユ宮殿内にある小トリアノン宮殿にあります。王室のしきたりや人づきあいに疲れた彼女は、ルイ16世からプレゼントされたこの宮殿でほとんどの時間を過ごしていました。お気に入りの人間だけを招き、お茶会や食事会を開いていたといわれています。

この小トリアノン宮殿での夕食会の記録が残っています。マリー・アントワネットの夕食会では、約50品目以上の料理が客人にふるまわれました。そこで出た料理は後ほど紹介しますが、まずはヴェルサイユの国王・王妃がどのような食生活を送っていたのか、そして、フランスの宮廷料理がどのように発展したかをみていきましょう。

ブルボン朝の料理政策

18〜19世紀にかけてのフランスは、ヨーロッパの料理文化をリードする存在でした。ブルボン朝はパリのサロン文化や啓蒙思想、新しい習俗を海外にアピールする文化政策を進めており、この新習俗のなかに宮廷の食文化も含まれました。腕のいい料理人には活躍の機会と名誉が与えられ、フランスの料理文化は急速に成熟していきます。

マリー・アントワネット

1755〜93年。神聖ローマ皇帝フランツ1世とマリア・テレジアの十一女として誕生。スキャンダルと浪費癖のため、王室の権威失墜を招いたとされる。フランス革命後にオーストリアとの共謀を疑われ、処刑された。

ブルボン朝は、料理を国家レベルの政策と捉《とら》えていたわけですが、中世の貴族たちが個人の富と権威のアピールに料理を使っていたことと比べると、そのスケールの大きさに驚かされます。

パリ郊外のヴェルサイユ宮殿では、毎日のように晩餐会が催されました。当時のコース料理は、スープ、アントレ（肉、魚貝料理）、ロー（焼き上げた肉料理）、アントルメ（野菜料理）、デザートでした。中世のコースから分類も品数も増えましたが、1皿ごとの料理は少量になりました。たくさんのお皿に少しの料理。現在のフランス料理のイメージに近づいていきました。

ある日のヴェルサイユ宮殿の晩餐会メニューをご紹介します。肉類の冷製スープ、タマネギ入りスープ、羊のピーマンソース、若じゃこのサルミ風、若鶏の串焼き、サーロイン牛の薄切り、雉のパテ、アーモンドケーキ、コーヒーを煎じたクリーム……。これまでの宮廷料理にあったダイナミックさは影を潜め、繊細な印象を与える品々です。フランス料理が他国の美食家から憧れと尊敬を集めたのも理解できます。

食べまくる王族たち

さて、宮廷の頂点にいた王の食生活はどのようなものだったのでしょう。

「太陽王」と呼ばれたルイ14世（1638～1715年）は、かなりの大食漢でした。

フランス

1589	ブルボン朝成立
1643	ルイ14世即位
1715	ルイ15世即位
1755	マリー・アントワネット誕生
1770	ルイ16世とマリー・アントワネット結婚
1774	ルイ16世即位
1789	フランス革命
1792	王政が廃止。共和政がはじまる
1793	ルイ16世とマリー・アントワネットが処刑される

レイモン・オリヴェ『フランス食卓史』によると、ルイ14世はある日の夕食で、フルコースを平らげた後に、さらに鶏2羽、鳩9羽、しゃこ1尾、若鶏6羽、仔牛肉4kg、若鶏3羽、雉1羽などを延々と追加注文しています。現代のフードファイターも顔負けの量です。また、すでに**食器**やテーブルマナーが定着していたにもかかわらず、手づかみで食べる癖がなかなか抜けなかったといわれています。

うってかわってルイ14世のひ孫であるルイ15世（1710〜74年）は、エレガントな食べ方で知られています。特にフォークさばきが達者で、直接手を使わずに半熟卵を食べたそうです。一方、妻のマリー・レクザンスカ（1703〜68年）の方は豪快な人物で、冷えたイチジクとメロンを食べ過ぎたり、15ダースもの**牡蠣**を飲みこんで死にかけたりと、突っ込みどころ満載な逸話が残っています。

ルイ16世は、結婚式での逸話にもその食い意地が垣間見えましたが、ほかにも常にパンを携えていたとか、豚のすね肉を無我夢中でしゃぶっていたとか、美食家というよりも、食への執念を感じさせる話が多いようです。あくまで俗説に過ぎませんが、フランス革命に絡んだエピソードもあります。革命後の1791年、ルイ16世は妻マリー・アントワネットや子どもたちとパリ脱出を企てました。しかし、その道中で、彼は協力者からの食糧の差し入れに満足できず、昔の家臣の家で食事をしたいといいだします。このワガママのために時間をロスし、国王一家は身柄を拘束されてしまったともいわれています。

食器

中世では皿、グラス、スプーンが共用だったが、16世紀頃から個人用のものが使われるようになった。フォークは普及が遅く、フランスには16世紀に持ち込まれたが、凶器のイメージがあり、長らく定着しなかった。フランス革命後、残った貴族が平民との違いをアピールするためにフォークを使い、それに憧れた平民がマネたことで、急速に普及した。

このようにヴェルサイユには、身を亡ぼしかねないほどの美食家と大食漢がそろっていました。料理人もさぞや作りがいがあったでしょう。王族たちの期待に応えるべく、フランスの宮廷料理はどんどん洗練されていきます。

味つけ革命

18世紀のフランス宮廷の料理は、どんな点がほかの時代や地域とは違ったのでしょうか。象徴的な違いは、味つけの手法でした。

中世ヨーロッパでは香辛料が非常に希少かつ高価であり、それを使うことは権力の誇示そのものでした。フランスでも同様の時期はありましたが、マリー・アントワネットの時代には香辛料の供給が安定し、以前よりも価格が下がっていました。次第に、香辛料を使う目的が、味の調整へとシフトしていきます。やがて、ギリシャ、ローマでそうだったように、ハーブや香味野菜類も味をととのえる目的で使われるようになり、その結果、それまでになかった複雑で奥行きのある味つけの手法が発明されます。

具体的にはソースが大きく進化しました。もともとはポタージュなどのスープで使われていましたが、この頃からソース単独で仕込まれるようになりました。この時期のソースには、マヨネーズソース、ホワイトソース、デミグラスソースがあります。ソースのベースになる「フォン」の原型も発明されました。仔牛を煮てつくる「フォ

牡蠣

フランスでは中世から殻つきの牡蠣が愛されていた。主に生で食べられたが、17世紀の料理書には「バターとコショウで炭火で焼く」「バター、スパイス、レーズンでボイルし、半分ほど火が通ったらタマネギ、サフランを加える」とある。さまざまな調理法があったようだ。

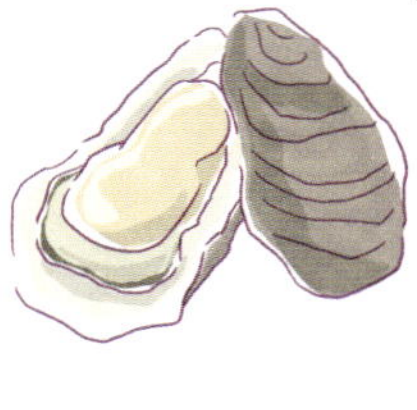

ン・ド・ヴォー」や魚介から味をとる「フュメ・ド・ポワソン」などがそれにあたります。結果として、繊細な味わいの料理文化が形成され、「グランドキュイジーヌ」と呼ばれるフランスの高級料理の骨格ができあがります。

こうした「味つけ革命」によって、17〜18世紀にフランス料理の多様化が進みました。たとえば、17世紀のフランス料理書に掲載されたメニューの数は約６００でしたが、18世紀には２０００を超えるようになります。多様化の背景には、大航海時代に冒険者たちの持ち帰った野菜が定着したことも挙げられます。さて、マリー・アントワネットや王たちが食べていた宮廷料理を再現してみましょう。

≈1≈ ヒラメのホワイトソースがけ

ブルボン朝の君主たちは毎日のように晩餐会を開いていましたが、そんな彼らもカトリック教徒でした。謝肉祭の翌日から復活祭の前日までの通常46日間の「四旬節《しじゅんせつ》」には、祝宴を自制し、肉を食べませんでした。

しかし、ブルボン朝の王族のなかでもルイ14世は例外でした。彼は四旬節の間も肉食の禁は破りこそしませんでしたが、すさまじい量の魚介料理を食べています。ある日の夕食の記録が残っています。

鯉1匹。ザリガニ100匹。牛乳入り煮物。薬味草入り煮物各1点。亀2匹、舌平目2匹。カワカマス大1匹。スズキ1匹。牡蠣100個。キス6匹、焼き物として大きなサケ1半匹、舌平目6匹。

(『フランス食卓史』)

注目すべきは「舌平目」が2回も登場することです。舌平目は、宮廷料理では中世から定番の魚介食材でした。どのように調理したかはわからないので、この頃には原型ができていたホワイトソースを使って再現料理を作ってみます。

まず、ヒラメと野菜を、フュメ・ド・ポワソン(魚のだし)と白ワインで煮て、火が通ったらヒラメだけを器に盛りつけます。残ったフライパンに牛乳、薄力粉などを入れ、さらに煮込んでホワイトソースに仕立てます。器に野菜を盛り合わせ、ホワイトソースをかければ完成です。

魚のエキスがつまったソースは奥行きのある味わいで、さっぱりしたヒラメによく合います。ソースにする前の煮汁をそのままスープにするのもよいでしょう。

≈2≈シャンヴァロン風　豚肉とジャガイモの煮込み

シャンヴァロンは、ルイ14世の愛妾《あいしょう》シャンヴァロン婦人、もしくは彼女の料理人が

考案したといわれる、背肉を使った料理です。現代フランス料理では、ソテーした豚の骨つき背肉をタマネギ、**ジャガイモ**とともに鶏のフォンで煮込み、さらにオーブンで蒸し焼きにする料理を指します。

しかし、ルイ14世とシャンヴァロン婦人本人は、この現代風のシャンヴァロンを食べてはいないはずです。というのも、彼らが生きた18世紀初頭は、ジャガイモは毒性があると信じられ、栽培が禁止されていました。ジャガイモがフランスで食べられるようになったのは18世紀後半です。マリー・アントワネットも普及の動きに絡んできます。

プロイセンとの戦争で捕虜になり、ジャガイモのおいしさを知った栄養学者のパルマンティエ（1737〜1813年）。彼はフランスに帰国後、飢饉《ききん》対策としてジャガイモの有用性を訴えました。食用の承認は得たものの、すぐには普及とはいきませんでした。そこで彼は国王ルイ16世に協力を要請します。

ルイ16世はパルマンティエの依頼を快諾し、手はじめにヴェルサイユ宮殿の外にある畑にジャガイモを植えさせました。日中は見張りを置き、夜は手薄にしてあえてジャガイモを盗ませ、その味を広めました。マリー・アントワネットもルイ16世の提案にのる形で、ジャガイモの花を髪飾りにしています。彼女は野草を好んだそうですから、喜んで協力したのではないでしょうか。1785年の飢饉がジャガイモの直接的な普及のきっかけになりましたが、国王夫婦の広告効果も少なからず手伝って、ジャ

ジャガイモ

パルマンティエと同じように、16世紀のイングランドにもジャガイモを紹介しようとした貴族がいた。メキシコでジャガイモを知った彼は、ジャガイモ料理を取りそろえて「お披露目会」を企画した。エリザベス1世をはじめとする上流階級の人びとが出席したが、ほぼ全員が食中毒で倒れてしまう。料理には芋《いも》部は用いず、有毒なソラニンが含まれる葉と茎だけが使われていた。

ガイモはフランス全土に普及します。

こうした経緯を踏まえると、シャンヴァロンにジャガイモが使われるようになったのは、ルイ16世以降ということになります。もしかするとルイ16世とマリー・アントワネットが最初にジャガイモ入りのシャンヴァロンを食べた王族かもしれません。

≈3≈ 牛とキャベツのトマト煮込み

それではお待ちかね、マリー・アントワネットの夕食会で出された料理を紹介します。会は1788年7月24日に小トリアノン宮殿で開かれました。出された料理はおよそ50品目。コースの構成要素ごとに数品ずつご紹介します。

『フランス食卓史』によると、スープが4品（お米入り、クルトンとレタス入り）。大アントレが4品（牛とキャベツの煮込み、仔牛の腰肉串焼き）。アントレが16品（スペイン風パテ、若鶏のタルタルソース、仔兎の飾り串焼き）。前菜が4品（仔兎のフィレ肉、冷製仔の七面鳥）。焼き物が6品（若鶏、去勢鶏の衣つけ）。デザートにあたるアントルメが16点（記録なし）。コースの一部からでも王妃の夕食会の華々しさが伝わります。このなかから、「牛とキャベツの煮込み」を再現してみます。

レシピは残っていないので、当時の料理文化の「いいとこどり」をしてみます。煮汁には、当時最新の味つけ素材だったフォン・ド・ヴォーをベースに、ブルゴーニュ

地方の牛肉煮込みに欠かせない赤ワイン、そしてアルザスのキャベツ煮込みに必須のタイム、ローリエを使います。

宮廷料理らしさを出すためにトマトも使います。当時はフランスでは南仏の一部で、他国ではスペイン、イタリアの一部で食べられはじめたばかりで、欧州のほとんどの人がその味を知りませんでした。しかし、食文化の最先端であるヴェルサイユ宮殿では、トマトは17世紀から酸味のあるフルーツとして人気を博し、18世紀には晩餐会の定番食品の1つになっていました。

フォン・ド・ヴォーの奥行きのある味わいに、トマトの酸味やハーブの香りが溶け合ってたいへん美味な一品です。マリー・アントワネットの夕食に招かれたつもりで、おめしあがりください。

≈4≈マグロのマリネ

18世紀のフランスでは毎週金曜日と土曜日の2日間は**断食日**と定められていました。断食期間は肉食は厳禁です。王族を除いた大多数の貴族にとっては、魚の保存食は重宝されました。ニシンは燻製《くんせい》に、イワシは塩をして樽のなかでしめられ、タラは干物にされました。

今回はマグロのマリネを作ります。マリネ液の材料は、オリーブオイル、魚醬、レ

断食日

日中の食事は厳禁。日没後は食べることを許されたが、獣類や鳥の肉、乳製品、卵を食べてはいけなかった。魚のほかには「チーズ抜きのチーズの香りパイ」などの精進料理が食べられていた。飢饉のときや、子供、老人、病人、旅人などは断食は免除された。

モン。マグロをマリネ液にしばらく浸せばOKです。甘じょっぱい味つけがマグロの旨味を引き立たせます。ルイ14世は断食シーズンでもごちそうを食べていましたが、大多数の貴族はこうした食事をしていました。

≈5≈ コメルシー風 マドレーヌ

最後の一品はマドレーヌです。現在では国境を超えて親しまれている焼き菓子ですが、18世紀のフランスでその産声を上げました。

フランス東部にあるコメルシーという小さな町で、元ポーランド王の領主がパーティーを開いたときのこと。菓子担当の職人が料理長とケンカをしてしまい、帰ってしまうというハプニングが発生します。その場に居合わせたメイドが、ありあわせの材料とホタテの貝殻を使って焼き菓子を作りました。領主や仲間はその焼き菓子を絶賛し、やがてフランス全土に広がります。焼き菓子はメイドの名前にちなんでマドレーヌと名づけられました。

コメルシーに伝わる伝統的なレシピでは、レモンの皮を生地に練りこみ、香りづけします。甘さにさわやかな風味も加わって、とても優しい味です。ちなみにマドレーヌを食べた元ポーランド王の領主は、ルイ15世の妻マリー・レクザンスカの父親でした。ヴェルサイユ宮殿にはすぐにマドレーヌが持ち込まれたに違いありません。スイ

マドレーヌ

マドレーヌの起源については多くの説がある。ほかに有名なのは、フランス革命当時、修道院を追われた修道女が、修道院秘伝のレシピをコメルシーの菓子職人に売ったという説。当時、ホタテガイは巡礼のシンボルで、修道女はお菓子を売って収入を得ていた。

ーツ好きだったマリー・アントワネットも舌鼓をうったことでしょう。

食の政権交代

スパイスの使用を控え、野菜を取り入れたイタリア人たちの料理文化を、フランスの宮廷料理人たちはさらに進化させ、フォンやソースといった奥深い味つけの手法を発明しました。ハーブやスパイスをブレンドする手法が味つけの基本だったこれまでを考えると大きな変化です。

ご紹介した5品のうち3品で、フォン・ド・ヴォーやフュメ・ド・ポワソンといったフォンが使われています。いずれも繊細で奥行きのある味わいを持ち、現代でもめったに食べられない高級料理です。王族たちが暴飲暴食をしてしまう気持ちもわかる気がします。マリー・アントワネットにとって、こうした食事が日常だったのでしょう。現代人からみてもうらやましい限りです。

18世紀フランス料理は、用意すべき食材が多く、調理の手間もそれなりにかかります。現代人が日常的に作るのは難しいといわざるをえません。むしろ、お祝いごとがある日やゲストが来る日など、誰かをもてなしたいときにはぴったりの料理です。ぜひ仲間たちといっしょにヴェルサイユ宮殿へ料理でタイムトリップしてください。

さて、ヴェルサイユできらびやかな文化が生まれた一方、国は財政難に陥っていました。やがて、フランス革命が起こり、王の時代は終焉を迎えます。それと同時にフランス食文化の発展の舞台も、宮殿からレストランへ移行しました。次章では、そうした料理の「政権交代」の様子をみていくことにしましょう。

chapter.7

ユーゴーのごちそう会

フランス・ナポレオン時代
（19世紀）

激動の時代に市民と元宮廷料理人が完成させた、
ブルジョワジーの美食文化をダイジェスト！
鍋に火を入れ、パリのレストラン街へ踏み出そう。

MENU

羊肉の煮込み クスクス添え

北アフリカとフランスの食材が出逢った！
食感がクセになるブルジョワジーの人気メニュー

材料 4人分

ラム肉＝300g
クスクス＝100g
タマネギ＝100g（½個）
にんじん＝80g（½本）
グリーンピース＝80g
かぶ＝80g（1個）
きゅうり＝50g（½本）
セロリ＝50g（½本）
カリフラワー＝50g（¼個）
ヒヨコ豆＝100g
にんにく＝2片
バター＝4g
クミン粉＝小さじ1
コリアンダー粉＝大さじ3
塩・コショウ＝適量
オリーブオイル＝大さじ1
水＝150mℓ
フォン・ド・ヴォー
- 牛すじ肉＝50g
- タマネギ＝300g（1½個）
- セロリ＝100g（1本）
- にんにく＝2片
- クローブ＝1本
- タイム＝1枝
- ローリエ＝1枚
- コショウ＝適量
- 白ワイン＝200mℓ
- 水＝4ℓ

つくり方

1 フォン・ド・ヴォーを作る。
水を入れた鍋に、材料を入れる。タマネギは大きめに切っておく。1～2時間かけ煮汁が半量（2ℓ）になるまで煮込む。

2 タマネギはみじん切りに、かぶは6等分に、きゅうり、セロリ、にんじんは8cmの棒状に、カリフラワーは細かく切る。
ラム肉を一口大に切る。

3 フライパンでオリーブオイルとバターを熱する。2のラム肉に塩、コショウをし、キツネ色になるまで炒め、焼けたらキッチンペーパーにのせ余分な油を除く。

4 鍋にオリーブオイルとにんにく、クミン粉、コリアンダー粉を入れ熱する。

5 香りが出てきたら、鍋に2のタマネギを入れる。煮汁が透き通ってきたらフォン・ド・ヴォーを1ℓ入れる。

6 鍋に2のかぶ、きゅうり、セロリ、にんじん、カリフラワー、3のラム肉、さらにヒヨコ豆、グリーンピースを加えて弱火で10分煮る。

7 ボウルにクスクスとオリーブオイル、塩を入れて混ぜ、フォン・ド・ヴォーを1ℓ加え、別の鍋に移し、弱火で5分煮る。

8 器に6と7を盛りつける。

オニオンスープ

鶏のフォンの味わいにホッ。

材料 4人分

タマネギ ═ 400g(2個)
牛すじ肉 ═ 200g
薄力粉 ═ 15g
バター ═ 15g
塩・コショウ ═ 適量
赤ワイン ═ 30mℓ
鶏のフォン
- チキンスープストック ═ ½カップ
- にんじん ═ 200g(1本)
- タマネギ ═ 100g(½個)
- 長ネギ ═ 100g(1本)
- セロリ ═ 100g(1本)
- にんにく ═ 4片
- ブーケ・ガルニ ═ 2袋
- クローブ ═ 2本
- タイム ═ 適量
- ローリエ ═ 2枚
- 塩・コショウ ═ 適量
- 水 ═ 2ℓ

つくり方

1. 鶏のフォンを作る。
鍋に水を注ぎ、材料を入れて煮汁が1ℓになるまで煮込む。
2. タマネギは半割りにしてから薄切りにし、軽く手でほぐす。牛すじ肉を一口サイズに切る。
3. 鍋にバターを溶かして2のタマネギを中火で炒める。しんなりしてきたら、塩、コショウをふり、茶色になるまで炒める。
4. 鍋を火からおろし、薄力粉を加えてかき混ぜる。
5. 鍋に鶏のフォンと牛すじ肉を入れ、弱火で10分煮る。
6. アクをとり、赤ワインを加え、さらに塩、コショウで味をととのえる。

ヒラメのソテー ノルマンディー風

クリーミーな濃厚ソースはヒラメとの相性抜群！

材料 4人分

ヒラメ ＝ 320g（切り身4枚）
魚介類（いか、えび、あさり）
＝ 1パック
長ネギ ＝ 30g（1/3本）
タマネギ ＝ 50g（1/4個）
ブーケ・ガルニ ＝ 1袋
バター ＝ 20g
卵黄 ＝ 1個分
生クリーム ＝ 50mℓ
塩・コショウ ＝ 適量
白ワイン ＝ 200mℓ
フュメ・ド・ポワソン
- 白身魚（ヒラメでも可）＝ 140g
- 長ネギ ＝ 50g（1/2本）
- タマネギ ＝ 20g
- セロリ ＝ 30g（1/3本）
- ブーケ・ガルニ ＝ 1袋
- バター ＝ 20g
- 白ワイン ＝ 100mℓ
- 水 ＝ 1ℓ

つくり方

1 フュメ・ド・ポワソンを作る。
長ネギ、タマネギ、セロリ、ブーケ・ガルニをバターで炒める。
鍋に白身魚、水、白ワイン、炒めた野菜を入れ、煮汁が半量になるまで煮込む。

2 フライパンにバター15gを塗り、みじん切りした長ネギ、タマネギ、塩、コショウしたヒラメ、白ワイン100mℓ、フュメ・ド・ポワソンを入れて熱する。

3 2が沸騰したら耐熱容器に移し、200℃に予熱したオーブンで10分焼き上げ、器に移す。

4 ソースを作る。
鍋に魚介類、白ワイン100mℓ、ブーケ・ガルニ、3の煮汁を加えて弱火で10分煮る。

5 生クリーム、バター5g、卵黄を入れ5分煮て、塩、コショウで味をととのえる。

6 3の器に5のソースをかけてできあがり。

ジャガイモとアスパラのスフレ 19世紀風

ヨーロッパを席巻した新旧野菜がコラボレーション！

材料　4人分

ジャガイモ ＝ 600g（4個）
アスパラガス ＝ 80g（4本）
卵 ＝ 2個
バター ＝ 15g
粉チーズ ＝ 適量
塩 ＝ 適量
コショウ ＝ 適量
オリーブオイル ＝ 適量
牛乳 ＝ 100mℓ

point
卵をメレンゲ状の卵白で作ると、現代風スフレになる。

つくり方

1 ジャガイモの皮をむいてスライサーで厚めの薄切りにし、ボウルに移す。

2 1に溶いた卵、牛乳を混ぜ、軽く塩、コショウする。

3 バターとオリーブオイルを薄く塗った耐熱容器に2を入れる。

4 アスパラガスを細かく刻み、3に入れて粉チーズをかける。

5 200℃のオーブンで、焼き色がつくまで10分ほど焼く。

6 器によそって完成。

りんごとお米のオーブン焼き

ちょっと贅沢な自家製フレンチスイーツ

材料 4人分

米 ═ 1カップ
卵白 ═ 4個分
バニラビーンズ ═ 1本
バター ═ 15g
砂糖 ═ 大さじ5
塩 ═ 小さじ½
牛乳 ═ 200mℓ
りんごのコンポート
りんご ═ 300g（1個）
砂糖 ═ 大さじ1
白ワイン ═ 100mℓ
水 ═ 50mℓ

つくり方

1 米をよく洗い、約30分水に浸す。

2 鍋に牛乳、塩、バニラビーンズを入れて沸騰させたあと、1の米と砂糖大さじ1を入れる。弱火で15分、水分がなくなるまで煮る。

3 ボウルに卵白、砂糖大さじ4を入れて泡立て、メレンゲを作る。

4 バターを塗った耐熱容器に2の米を入れ、その上にりんごのコンポートを並べ、メレンゲをかける。

5 200℃のオーブンで15分焼いて完成。

りんごのコンポートのつくり方

1 りんごを8等分に切る。

2 鍋に移し、砂糖、白ワイン、水を加えてりんごに火が通るまで煮つめる。

chapter.7

ユーゴーのごちそう会

フランス・ナポレオン時代（19世紀）

レミゼの世界を生きたユーゴー

フランスの19世紀は、世界史でもほかに例を見ない激動の時代でした。政権交代と戦争を繰り返す混乱の時代に翻弄《ほんろう》された人びとを描いたのが、**ヴィクトル・ユーゴー**の小説『レ・ミゼラブル』です。ユーゴー自身が、この作品の舞台となった19世紀パリの住人でした。彼が強く抱《いだ》いていた貧困、子どもや女性など社会的弱者に対する問題意識は、この作品を通して社会へと伝えられたのです。

ユーゴーの伝記作家アンドレ・モロワによると、『レ・ミゼラブル』に登場する、革命に燃える青年マリユスには、若かりし頃のユーゴーが投影されているそうです。作中では、マリユスの食生活について「1日目は肉を、2日目は脂を食べ、3日目は骨をしゃぶった」と描かれています。文学青年だったユーゴーも、このようなひもじ

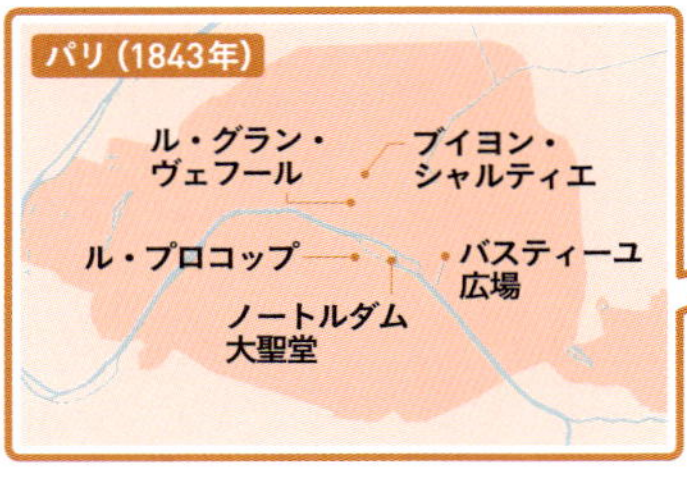

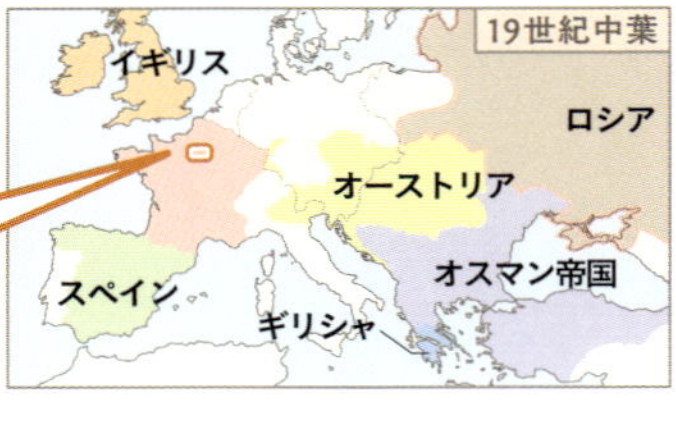

い思いをしていたのかもしれません。

そんなユーゴーですが、その後数々の作品が評価されたこともあり、壮年を迎える頃にはある程度生活に余裕が生まれました。週に1回貧しい子どもたちと食事会を開いたり、毎晩12人か14人の仲間を呼んで（13人だと不吉なので避けていたそう）会食をしたりして、交流を楽しんでいました。

革命が生んだレストラン

老ユーゴーの会食はレストランで行われました。テーブルには、前章で紹介したような牛肉料理をはじめとする豪華なごちそうが並んだようです。それもそのはず、実は当時のレストランで働く料理人の多くは、革命によって主人を失った元宮廷料理人だったのです。

1789年のフランス革命後、王族や貴族が亡命したことによって、多くの宮廷料理人は職を失い、主君の後を追うか、パリでレストランを開くかの選択を迫られました。そして、彼らの多くはパリでレストランを開きます。元宮廷料理人たちの決断によって、食文化発展の舞台は、宮廷からレストランへと移っていきました。

こうして貴族が独占していたガストロノミーと呼ばれる美食文化が、パリのブルジョワジー（中産階級の市民）に解放されました。ブルジョワにとって憧れだった貴族

ヴィクトル・ユーゴー

1802～85年。小説家、詩人、劇作家。政治活動も行った。ルイ・ナポレオンに対する批判により弾圧され、亡命。『レ・ミゼラブル』は亡命生活のなかで執筆された。

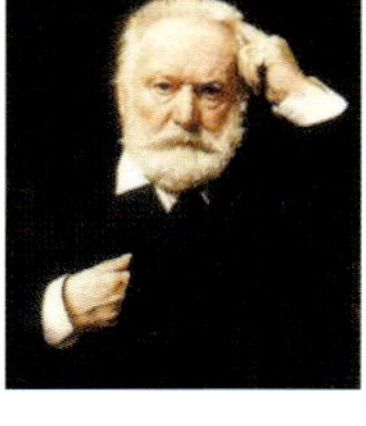

の食事に手が届くようになり、彼らの食生活は洗練されていきます。人びとは心ときめく料理や新たな食文化を求めて、レストランへ日々通いました。ユーゴーも、その1人だったのではないでしょうか。

それでは、実際に19世紀フランスのレストランで食べられていた料理から、『レ・ミゼラブル』の世界へと想像を巡らせてみましょう。

ブルジョワジーの美食の愉しみ

当時、市民のほとんどは自宅にキッチンがなく、自炊の習慣がありませんでした。きちんとした食事をとるには、裕福な家に招待されるという例外を除き、宿屋から料理をデリバリーするしかなかったのです。大ヒットしたミュージカル映画『レ・ミゼラブル』の『宿屋主人の歌』には、こんな歌詞があります。

類を見ない宿屋のメシ
刻んでこねて牛肉もどき
馬の腎臓　猫の肝臓
ぐるぐる混ぜてソーセージ

（映画『レ・ミゼラブル』（2012年）の『宿屋主人の歌』から）

フランス

1792	第1共和政確立
1802	ユーゴー誕生
1804	第1帝政成立。ナポレオン1世即位
1814	王政復古。ブルボン朝が復活
1830	7月革命。オルレアン朝成立
1848	2月革命。第2共和政誕生
1852	第2帝政誕生。ナポレオン3世即位
1855	パリ万国博覧会
1871	第3共和政確立
1885	ユーゴー死去

なんとも恐ろしいソーセージですが、当時の宿屋の料理は本当においしくなかったそうです。宮廷でキャリアを積んだ料理人が経営するレストランが増え、人びとは宿屋の粗悪なサービスに頼る必要がなくなりました。専門の料理人が作る食事にありつけるようになったことは、パリ市民にとって歓喜の極みだったはずです。

また、フランス革命後に料理ギルドが解体されたことも、レストランの自由化につながりました。革命前は、ギルドの規制によって焼き肉屋は焼肉だけ、ハム・ソーセージ屋はハム・ソーセージだけしか取り扱えなかったのですが、自由化により、需要に合わせて多種多様な料理を提供できるようになったのです。

レストランの誕生

当時は、大まかに3種類のレストランがありました。まず、「晩餐レストラン」。高い技量の料理人たちが腕によりをかけて作った夕食を楽しむレストランで、現在の高級レストランにあたります。ルーヴル宮殿の北隣、サントノーレ通りに位置するパレ＝ロワイヤルの一帯に、こうしたレストランが集まっていました。１７６０年に創業され、現在では世界最高峰のフレンチレストランとして名高い「ル・グラン・ヴェフール」もここにあります。ナポレオンと妻ジョゼフィーヌ、小説家アレクサンドル・

ルノワールが1876年に制作した『舟遊びをする人々の昼食』。レストランが普及した後、男女がともに食事をする習慣が定着した。女性が自慢のドレスを見せつける場でもあった。

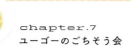

デュマなどの有名人も含め、貴族からブルジョワジーまでさまざまな人びとがここで食事をし、美食文化が育まれました。

次に、「ブルジョワジーレストラン」です。リーズナブルなレストランですが、地方や外国からの旅行者もここによく訪れていました。「晩餐レストラン」よりも数が多く、庶民のお財布にも優しい食事処だったようです。

最後に廉価版レストランこと「ブイヨン」。安食堂を意味します。労働者向けの大衆食堂で、1杯のスープと1皿の肉料理が出されていました。貧しかった若きユーゴーも足を運んだはずです。

このように、19世紀ではレストラン文化が産声をあげ、レストランの形態、市民の食生活、提供する料理が急速に多様化しました。それでは、当時のレストラン料理を再現し、ブルジョワになりきっていただきましょう。

≈1≈ 羊肉の煮込み クスクス添え

『レ・ミゼラブル』の物語が幕を閉じるのは1833年ですが、その頃、パリを席巻していたのは北アフリカ・アルジェリアの食文化でした。その代表的な食材が、小麦粉を粒状に加工した「クスクス」です。この背景には、復古王政下のフランスによるアルジェリア侵略がありました。

1896年創業の安食堂のブイヨン・シャルティエ。1989年に歴史的記念物に登録され、文化財として保護されている。2017年現在も営業中。(Michel Wal 撮影)

1827年、国際会議のさなかに起きた些細《ささい》なトラブルが、フランスによるアルジェリアへの武力行使にまで発展しました。フランスがアルジェリアを征服し、貿易ルートを強引に確保した結果、クスクスを含む現地の食料品が入ってくるようになったのです。

こうしたやや複雑な背景を持つクスクスですが、どんな料理にもマッチする優秀な食材で、ブルジョワジーにすぐに受け入れられます。高級なレストランでは、ラム肉の煮込みといっしょに盛りつけられていました。女性作家ジョルジュ・サンド（1804〜76年）のお気に入りの料理だったようです。

残念ながら、正確なレシピはありません。なので、ラム肉の煮込みは現代のレシピを参考にし、そこにクスクスを掛け合わせてみました。クスクスは水、オリーブオイルと塩で戻し、ラム肉は緑色野菜と煮込みます。フランスの食材と、アルジェリアからの新食材がコラボした、19世紀のパリらしい料理といえます。

≈2≈ オニオンスープ

オニオンスープは、19世紀のコースメニュー上では、最初に提供されるポタージュにあたる料理です。

1820年代、「フィリップ」という晩餐レストランにて毎週土曜日に「大食クラブ」

という名の会食イベントが開かれていました。「大食クラブ」は一部貴族の会員制クラブで、夕方6時から翌日昼まで行われたとんでもなく長い会食イベントでした。血なまぐさい革命の後でも、人びとの食欲は尽きることがなかったようです。

さて、オニオンスープは、このときのメニューの1つであり、その後に現代フランス料理の定番であるオニオングラタンスープへと発展していきます。

再現料理を作るにあたって、グラタンなしのオニオンスープは物足りないのではないかと思いました。しかし、実際に作ってみると、フォンがしっかりとした下味を形づくり、炒めたタマネギと相まって、どこか懐かしいホッとするような味わいに仕上がりました。当時の「大食クラブ」の会員たちも、大食いする前にこのスープで胃袋を落ち着かせたのではないでしょうか。

≈3≈ヒラメのソテー ノルマンディー風

3品目に紹介する魚料理は、スープから肉への橋渡しとしてよく出された一品です。当時の料理書『ブルジョワの女料理人』にはこう書かれています。

テュルボを金網のついた魚用蒸し鍋に入れ、たっぷりの冷水に浸す。沸騰させないようにあたためた牛乳を少し加え、塩を多めに入れる。布で覆い、ひび割れが

ブルジョワの女料理人

従来の料理書は宮廷料理を記したものが主だったが、この本は題の通り、ブルジョワジー向けに書かれた料理書。冒頭には「宮廷料理には外観や味ではやや劣るものの健康で財布によい」という記述があり、宮廷料理をベースにしていることがわかる。

生じないようにブイヨンをゆっくりと注ぐ。

（『フランス料理の歴史』の『ブルジョワの女料理人』から）

テュルボ（イシビラメ）は貴族の間でもごちそう中のごちそうとして親しまれてきた魚で、この時代の献立に必ずといっていいほど出てきます。現代日本でも高級レストランでお目にかかることはありますが、入手コストが高いのでヒラメで代用します。ノルマンディー風はフランス・ノルマンディー地方に由来し、具材とともに白ワイン、バターや生クリームもしくは牛乳を煮込んだソースを加える調理法です。19世紀中頃に、パリ中央市場モントルグィユのレストラン「ル・ロシェ・ド・カンカル」でノルマンディー風の料理が出されていました。

淡白な身と濃厚なソースがよく合い、寒い季節に食べたくなる味です。ちなみに、発祥のノルマンディー地方では白ワインではなく、シードル酒が使われていたという説もあるので、両方使ってみて味を比べてみるのも楽しいことと思います。

≈4≈ ジャガイモとアスパラのスフレ 19世紀風

4品目に野菜のアントルメを紹介します。今回取り上げる食材はジャガイモです。ジャガイモは18世紀にようやく料理書のレシピにのりましたが、19世紀にはパンにつぐ民衆のエネルギー源として定着し、欧州全体の食糧難の救世主となります。

さて、現在スフレという言葉は、メレンゲに様々な材料を加えて作るデザートとして使われることが多いのですが、現存する19世紀の料理本をみる限り、小さく刻んだ食材と全卵を溶いたものを混ぜてオーブンで焼き上げる料理を指していたようです。現在のスフレのように大きく膨らむ料理ではありませんでした。

再現のコツはジャガイモの切り方にあります。当時の料理書には「2フラン硬貨の厚さのリボン状にできるだけ長くむいていく」とありますから、スライサーで気持ち厚めにジャガイモを削《そ》いでいきましょう。アスパラガスは細かく刻めばOKです。

ふわっとした卵にシャキシャキした野菜の食感が楽しく、色合いもキレイで、目でも楽しめる料理です。当時の人びとも「シンプルで美しい」と絶賛していました。

≈5≈りんごとお米のオーブン焼き

5品目を飾るのはデザートです。米は、フランスで19世紀初頭から本格的に流通し、貴族や裕福な市民の食卓を中心にたびたび登場しました。当時は野菜に分類され、スイーツにもよく使用されました。

米をよく洗い、白くなるまで水で戻す。牛乳に塩とバニラを入れて沸かし、米を

ナポレオンのロシア遠征（1812年）の影響で、ロシアの食事の提供法がフランスに伝わった。従来のフランス式では大量の料理を用意して各人が好きなものを食べていたが、ロシア式は、個人が食べきれる量の料理を1つずつ出すスタイルだった。画像は、ボッセ・アブラハムによるルイ13世（1601〜43年）の宴席の様子。この時期はまだフランス式だった。

入れて煮る。砂糖を少し加える。次にりんごのコンポートを作る。りんごに砂糖を加えて煮つめる。卵白4個分を用意して泡立て、粉砂糖4さじ強を加える。オーブンに入れる皿にまず米を入れ、次にマーマレード、それから泡立てた卵白をのせる。オーブンに入れて焼き色をつける。

(『フランス料理の歴史』の『ブルジョワの女料理人』から)

この料理にはおおまかに4つの工程があります。まず、米に砂糖を合わせ、牛乳で煮つめていきます。続いて、りんごに砂糖と白ワインを加えてコンポートにします。そして耐熱皿に米、りんごのコンポート、メレンゲを順に重ねていきます。最後にオーブンで焼いて完成です。

砂糖の甘さに加え、全体に染みわたる優しいりんご果汁の甘さも味わえます。フランスでは、現在でもお米を牛乳で煮込んでつくる「リオレ」というスイーツがあります。おそらく祖父と孫の関係であろう、この2つのスイーツを食べ比べてみるのも楽しいでしょう。

作る人と食べる人

実際に食べてみると、この時代の料理の味は限りなく現代に近いものでした。後半

3品は当時のレシピ通りの再現ですが、ほとんどアレンジなしで現代人の口に合う料理ができました。19世紀フランス、おそるべしといったところです。

食べながらこの時代に思いを巡らせていると、ついつい歴史の「ｉｆ《もしも》」を考えてしまいます。一般に、動乱の時代にはなかなか食文化は発展しにくいものです。もしも革命によって宮廷を追われた料理人たちみんなが亡命していたら、あるいは、パリの市民が動乱の時代に疲れ果てて食欲を失ってしまっていたら――。

でもそうはなりませんでした。素人考えで恐縮ですが、料理は自分のために作るよりも、食べてくれる誰かのために作った方が上達するものです。同様に、食べる人と作る人の両方が刺激しあって発展するものなのかもしれません。

ユーゴーが『レ・ミゼラブル』で描いた、自由を求めて戦った人びとは、元宮廷料理人たちの料理を食べて明日への活力を得ていました。料理人たちの方も、おいしい食事をパリ市民に提供することにやりがいを感じていたのではないでしょうか。苦しい時代をたくましく生き抜いた「みじめな人たち《レ・ミゼラブル》」が、料理を通して激励し合い、その副産物としてフランスの美食文化が育《はぐく》まれたのではないか――。こんな妄想が働くほど、19世紀フランス料理はおいしく、そしてドラマチックです。どうぞご賞味《しょうみ》ください。

アントナン・カレーム（写真）はフランス料理を洗練させた「スター料理人」。1784～1833年。レストランではなく、宮廷や高官に仕えた。美食家の外交官タレーランのもとで修業し、ウィーン会議でその腕を発揮し、ヨーロッパの上流階級の食文化に大きな影響を与えたとされる。

chapter.8

ビスマルクの遺言

プロイセン王国&ドイツ帝国
（19世紀後半）

農家メシ、工場メシ、ミリメシ、瓶づめの保存食、
料理の向こうに、懸命に生きる人びとが見えてくる。
腹持ちのいい庶民料理で統一直後のドイツへGO！

MENU

スペアリブのロースト シュバイネハクセ風

煮込んで、焼き上げて、旨味を閉じ込める！
バイエルンに伝わる肉料理のアレンジレシピ

材料 4人分

スペアリブ ＝ 2本
にんじん ＝ 160g（1本）
セロリ ＝ 50g（½本）
タマネギ ＝ 200g（1個）
水 ＝ 適量
粒マスタード ＝ 適量
塩 ＝ 適量
コショウ ＝ 適量

2

5

つくり方

1. にんじんをいちょう切りに、セロリを短冊に、タマネギを2㎝幅にスライスする。
2. 鍋にスペアリブ、1を入れ、それらが隠れるくらい水を入れて沸騰させる。
3. 水量が常に一定になるように、水を継ぎ足しながら煮込む。沸いたら弱火にし、スペアリブがやわらかくなるまで2時間ゆでる。
4. スペアリブを取り出し水気をふきとり、塩、コショウをする。
5. 耐熱容器にスペアリブ、煮込んだ野菜、鍋の煮汁100mℓを入れ、250℃に予熱したオーブンで約30分焼く。
6. まんべんなく焼き色がついたら完成。お好みで粒マスタードを添える。

point
5の工程では、スペアリブを容器に敷いた後に、すき間に野菜を埋めるように置いていく。

ザワークラウトの白ワイン煮込み

市販品をタマネギと白ワインでもっとおいしく！

材料 4人分

- ザワークラウト ＝ 1瓶
- タマネギ ＝ 200g（1個）
- クローブ ＝ 3〜5本
- タイム ＝ 適量
- ローズマリー ＝ 適量
- ローリエ ＝ 1枚
- 塩 ＝ 大さじ2
- コショウ ＝ 適量
- オリーブオイル ＝ 適量
- チキンスープストック ＝ 150mℓ
- 白ワイン ＝ 100mℓ
- 水 ＝ 150mℓ

つくり方

1. ザワークラウトを瓶からザルに移して軽く水洗いする。
2. タマネギを薄切りにする。
3. 鍋にオリーブオイルをひき、タマネギがしんなりするまで炒める。
4. 水気を切ったザワークラウトを鍋に入れて、ほぐすように炒める。
5. 白ワイン、チキンスープストック、クローブ、タイム、ローズマリー、ローリエ、コショウ、水を加える。
6. ふたをして沸騰させ、弱火で20分煮る。
7. 塩、コショウで味をととのえて、水分がなくなったら完成。

フランケン風 焼きソーセージ

りんごの甘味がソーセージの旨味を際立たせる！

材料 4人分

ソーセージ ＝ 4本
りんご ＝ 300g（1個）
白ワイン ＝ 100mℓ
シナモン粉 ＝ 小さじ2
レモン汁 ＝ 適量
オリーブオイル ＝ 適量

つくり方

1 フライパンにオリーブオイルを入れ、ソーセージを中火で約5分焼く。

2 りんごの皮をむき、いちょう切りにして鍋に入れる。

3 2の鍋に白ワインとシナモン粉を入れて、沸騰したら弱火にする。ソーセージを入れ、ふたをして約5分煮る。

4 レモン汁を加えて火を止める。器にりんごを敷き、その上にソーセージをのせる。

point

ソーセージはプレーンタイプかハーブ入りタイプがオススメ。それぞれにりんごの甘味と相性がよい。

リンゼンズッペ（レンズ豆のスープ）
ドイツ兵も飲んだ野菜たっぷりスープ

材料 4人分

レンズ豆 ＝ 100g
ソーセージ ＝ 4本
ベーコン ＝ 50g
ジャガイモ ＝ 150g（1個）
にんじん ＝ 80g（½本）
セロリ ＝ 100g（1本）
タマネギ ＝ 200g（1個）
イタリアンパセリ ＝ 適量
ローリエ ＝ 1枚
タイム ＝ 1枝
水 ＝ 1ℓ
白ワインビネガー ＝ 15mℓ
オリーブオイル ＝ 適量
塩 ＝ 適量
コショウ ＝ 適量
ローズマリー ＝ 1枝

つくり方

1 レンズ豆を分量外の水に浸けておく。ベーコンを棒状に、タマネギはみじん切りに、ジャガイモ、にんじんは角切りに、セロリはざく切りにする。

2 鍋にオリーブオイルを入れて火にかけ、オイルをあたため、ベーコンとタマネギを入れる。
タマネギが透明になるまで炒める。

3 鍋にレンズ豆、ジャガイモ、にんじん、ローリエ、タイムを入れる。

4 鍋に水を入れ、沸騰させたら弱火にする。

5 アクを取ってふたをする。時々混ぜながら、レンズ豆がやわらかくなるまで弱火で30〜40分煮る。

6 塩、コショウで味をととのえる。ソーセージ、イタリアンパセリ、白ワインビネガーを鍋に入れ5分煮て、ローズマリーを飾り完成。

ライネヴェーバー・クーヘン

工場労働者が愛したジャガイモ入りオムレツ

材料 4人分

ジャガイモ＝150g（1個）
タマネギ＝100g（½個）
卵＝3個
薄力粉＝65g
塩＝適量
ナツメグ粉＝小さじ½
牛乳＝100mℓ
オリーブオイル＝適量

つくり方

1 ジャガイモの皮をむき、5㎜幅に筒切りに。タマネギの皮をむき、粗くみじん切りする。

2 ボウルで薄力粉と卵を混ぜ合わせ、牛乳、塩、ナツメグ粉で味つけする。

3 フライパンにオリーブオイルをひき、ジャガイモとタマネギを炒める。

4 2の液体を3のフライパンに流し込む。弱火で中ごろまで火を通したら、裏返す。裏面を軽く焼いてできあがり。

point
3で、当時からよく食べられていたベーコン、バター、ソーセージを加えてもおいしい。

chapter.8

ビスマルクの遺言

プロイセン王国＆ドイツ帝国
（19世紀後半）

鉄血宰相の大食い伝説

19世紀前半、ドイツは約40の君主国・自由都市から構成される「連邦」でしたが、実際はまとまっておらずバラバラな状態でした。この状況で、ドイツ統一にのり出したのが、**オットー・フォン・ビスマルク**首相率いるプロイセン王国です。プロイセンは軍需産業の奨励と軍の組織改革を進め、近隣国との戦争に勝利し、ドイツを統一に導きます。こうして、1871年にドイツ帝国が誕生します。帝国宰相になったビスマルクは、国内では反対勢力を厳しく取り締まる一方で普通選挙や社会保険制度を導入し、外交ではドイツ主導の同盟システムを構築しました。

カリスマ的存在だったビスマルクですが、私生活では質素な暮らしを好みました。住居に関しては「イスとテーブルさえあればいい」とまで発言しています。ところが、

食事となるとその慎ましさはありませんでした。ドイツ皇帝もあきれるほどの大食いだったのです。歴史家のロタール・ガルは、宰相官邸に訪れる人を驚かせたビスマルクの「奇妙な食習慣」について書き残しています。

ニシンと甘いもの、焼肉とナッツ、ソーセージと漬物を手当たり次第に口につめ込み、それを2、3本の赤ワインやシャンパン、さらにはビールで流し込んでしまう癖のことである。

（『ビスマルク 白色革命家』）

50代になってもビスマルクはこの習慣を続けていました。73歳のビスマルクが、キャビア、ソーセージ、ニシン、アンチョビ、ポテトサラダを1回の朝食で食べていたという証言もあります。常人離れした食欲と胃袋を持っていたのは間違いありません。

ビスマルクの贅沢な食事を再現するのも面白そうですが、味がおおよそ想像できてしまいます。そこで、ビスマルクが生きた時代にドイツ各地で食べられていた料理を再現してみます。常人の2～3倍は食べるビスマルクですから、ドイツ料理ならなんでも取り寄せて食べていたとしても不思議ではありません。

まずは19世紀当時の食事情をみてみましょう。この時期は欧州全体で人口が爆発的に増えた時代でした。さまざまな要因が挙げられますが、特にドイツに関してはジャ

オットー・フォン・ビスマルク

1815～98年。ドイツ統一のほかにも国際会議を主導して戦争を回避するなど、その華々しい功績ゆえに19世紀最大の政治家といわれる。卵をさまざまな料理といっしょに食べたことで知られ、ニシンも好物だった。

ガイモが大きな役割を果たしました。

遅れてきた救世主ジャガイモ

ジャガイモは、19世紀ドイツの食文化だけではなく、ドイツ社会全体を変えたといっても過言ではありません。現在では「ジャガイモでフルコースがつくれなければ嫁にいけない」ということわざがあるほど、すっかりドイツ社会に溶け込んでいます。もとは16世紀にアメリカ大陸から持ち込まれた「外様《とざま》野菜」で、最初は観賞用・薬用に限られていました。

１７７０年代初頭にあった大飢饉が、ジャガイモ普及の直接のきっかけです。この飢饉でドイツの穀物は大打撃を受けましたが、一部の山地で栽培されていたジャガイモだけは無事に収穫されました。その耐寒性と高い収穫率が知れわたり、やがてドイツ全土でジャガイモの栽培がはじまります。１８７０年代には、ジャガイモの年間収穫量が約８００万トンに上り、世界一のジャガイモ生産国になっています。並行して「ライネヴェーバー・クーヘン」（１４７／１５７ページ）や、ライン地方の郷土料理「天と地」（１５５ページ下部）など、さまざまなドイツ料理の材料として登場するようになりました。

ジャガイモの消費は食用だけにはとどまりません。19世紀前半に、北ドイツの農村

プロイセン・ドイツ

1815	ビスマルク誕生
1861	ヴィルヘルム1世がプロイセン王に即位
1862	ビスマルクが首相に任命される
1864～1871	ドイツ統一戦争
1871	ドイツ帝国成立
1873	三帝同盟
1882	三国同盟
1898	ビスマルク死去
1914	サラエボ事件

を中心にシュナップス（焼酎）の大規模生産がスタートするのですが、この原料になったのもジャガイモでした。あまりに多く収穫できたため、その余剰を酒造りにあてたのです。シュナップスは非常に低コストで製造され、ビールにつぐドイツ生まれの「新しい酒」として市民権を獲得していきます。

ジャガイモは畜産業にも貢献します。シュナップスの蒸留の際にできる酒糟《さけかす》が、豚の飼料に最適でした。ジャガイモの生産量が上がるにつれ、蒸留酒の生産が拡大し、豚肉が大量に供給されるようになります。結果、豚肉の価格が下がり、庶民の間でもひんぱんに豚肉が食べられるようになりました。

こうしてジャガイモは飢饉から人びとを救っただけでなく、飲酒文化や牧畜文化といった紀元前から続くドイツ地方の食文化に深く根を張りました。「外様野菜」だったことを考えると大出世です。花嫁の必修科目になるのも無理からぬ話でしょう。

産業革命＝食生活革命

ドイツでは、寒冷な気候がもたらす不作への対策として、食糧の確保と、それらを保存する技術の開発が大きな課題となっていました。そのためドイツ料理の象徴といえるソーセージや、ザワークラウトなどの保存食品がつくられてきたのです。そして、18〜19世紀に起きた産業革命は、この食糧問題を解決する大きな助けとなり、食生活水準の劇的な向上をもたらしました。

19世紀の産業革命で登場したのが、機関車やタービン駆動の蒸気船です。この輸送機関は短時間で大量のモノを運ぶため、食品の輸送コストが大きく下がりました。そこに冷蔵・冷凍技術の発展も加わり、遠隔地から新鮮な肉や魚が低価格でドイツに持ち込まれるようになりました。

同時期に、ドイツでは缶詰産業が発展します。缶詰は他国で発明されましたが、ドイツのブリキ職人たちがその製造技術を学び、ブラウンシュバイク（現ニーダーザクセン州）に工場を建てました。やがてこの地域は大規模な缶詰工場地帯に成長します。当初はアスパラガスなどの高価な野菜や果物の缶詰が主流でしたが、19世紀末になると、ニシンなど大衆的な食材の缶詰も作られはじめます。不作に苦しんでいた庶民の間で、缶詰が定着するのにそう時間はかかりませんでした。

工業化の恩恵を受け、ドイツの人びとは以前よりずっと楽に冬を越せるようになりました。彼らにとって、産業革命は「食生活革命」と同じ意味を持っていたのです。

さて、19世紀のドイツの食環境について説明してきましたが、これからは個性豊かなドイツの料理をみていきましょう。ドイツは伝統的に地方分権の傾向が強く、それゆえ各地域に独自の食文化が存在しました。それらは主に貴族階級というよりも、庶民に親しまれました。

≈1≈ スペアリブのロースト シュバイネハクセ風

バイエルン地方に「**シュバイネハクセ**」という名物郷土料理があります。皮つきのすね肉をにんじん、セロリ、タマネギといっしょに数時間煮込んだ後、オーブンで焼き上げる肉料理です。料理が生まれた経緯は不明ですが、19世紀には食べられていたようです。すでに書いたように、当時ジャガイモ栽培が普及し、豚肉の供給量が上がったことが関係しているのかもしれません。

再現料理では、豚のすね肉は入手がやや難しいため、豚のスペアリブで代用します。まず、スペアリブを丸ごと、香味野菜と鍋に入れます。スペアリブの骨と肉部分が分離したら、耐熱容器に移します。香味野菜も容器に敷きつめ、煮汁をかけてオーブンで焼き上げればできあがりです。見た目に似合わず意外と手がかかりません。待ち時間を利用して、おかずやつけ合わせも用意できる「ながら料理」です。

やわらかくなった肉に野菜の甘みも染み込み、手間の割にはビックリするおいしさです。スペアリブの肉は固いイメージがあるようで、「音食紀行」のイベントでは「スペアリブのイメージが変わった」という言葉をいただきました。オーブンが使える方はお試しあれ。

シュバイネハクセ

オリジナルのシュバイネハクセは豚のすね肉をまるごと使う。同じ豚のすね肉料理に「アイスバイン」があるが、アイスバインが煮込み料理であるのに対し、シュバイネハクセは煮込んでから、さらに焼き上げるという違いがある。

≈2≈ザワークラウトの白ワイン煮込み

ドイツ野菜界のナンバー2、それがキャベツです。千切りにした白キャベツに塩をして発酵させたザワークラウトは、現在でもドイツ料理の名脇役です。

ザワークラウトは保存が効く上に栄養価が高く、飢饉に苦しむドイツ人たちを支えました。ビスマルクの時代には缶詰や瓶がすでに登場しており、大衆向けに瓶詰にして食べられていたようです。

起源はよくわかっていないのですが、ドイツ国内では、北部にあるニーダーザクセンの料理というイメージが強かったようです。18世紀の学者ヨハン・ベックマンは『西洋事物起原』にこう書いています。

> ベロンが、トルコ人はキャベツを漬物にし、冬によく食べるということを報告しなかったならば、私は、近隣の諸国の人びとがわれわれドイツ人から塩漬けキャベツについて学んだのだという理由で、塩漬けキャベツをニーダーザクセンで行われたドイツの発明であると思ってしまうところであった。
>
> (『西洋事物起原』)

ベックマンは、ザワークラウトがドイツ発祥ではないことを認めつつも、ヨーロッパの近隣国に広めたのはドイツであると書き残しています。ドイツ人のザワークラウトへの誇りが感じられる記述です。

瓶詰めのザワークラウトは日本でも普及しています。ここでは、市販品をおいしく食べる伝統的なアレンジを紹介します。炒めたタマネギ、ハーブ類（ドイツでは健康食品として12世紀から使われていました）を加え、チキンスープストックと白ワインで煮れば、濃厚な味わいのザワークラウト煮込みの完成です。

スペアリブのローストなどほかの料理のつけ合わせにしてみることをおすすめします。ほどよい酸味がどの料理にもマッチするはずです。

≈3≈ フランケン風 焼きソーセージ

ドイツを代表するフルーツといえば、**りんご**です。農民たちに愛された食材で、生食《せいしょく》だけでなく料理や菓子にも利用されました。フランケン地方には、このりんごとソーセージを使ったメニューが存在します。

レシピは明快です。まず、ソーセージを先に焼いておきます。それから、いちょう切りにしたりんごを白ワインで煮て、煮汁が沸騰したところで鍋にソーセージを入れてさらに弱火で5分煮ればＯＫです。完成したら皿にりんごのコンポートを敷き、

りんご

年間を通じて収穫できるりんごは、さまざまに利用されていた。ジャムやジュース、砂糖漬け、りんご酒など。料理でいえば、ライン地方に「天と地」という名物料理がある。りんごとジャガイモを煮てマッシュ状にして、よく混ぜ合わせて焼きソーセージやベーコンの上にのせて食べる、素朴な味わいが魅力だ。

その上にソーセージを盛りつけましょう。りんごがジャガイモに見えるので、そうと知らない人に提供するとびっくりするはず。中世貴族的なサプライズ料理として出しても面白いでしょう。

コンポートしたりんごとソーセージの風味が鍋のなかで混ざり合い、これが絶妙に合います。体があたたまるので、肌寒い日に食べたい一品です。

≈４≈リンゼンズッペ（レンズ豆のスープ）

リンゼンズッペは、レンズ豆のスープのことです。ドイツ各地に固有のレシピがあります。今回は、具が多くておいしそうなドイツ南西部シュトゥットガルトのレシピを参考にしました。

レンズ豆がいろんな食材と合うバイプレーヤー的な食材であることは4章で紹介しました。ここでも、ソーセージ、ベーコン、ジャガイモなどのドイツならではの食材をレンズ豆が引き立てています。やや食感が寂しかったので、角状に切ったにんじんを入れました。野菜と豆の味が混ざり合う、庶民的でホッとする味です。

このレンズ豆のスープは、ドイツ兵たちも飲んでいました。今風にいえば「ミリメシ」でしょうか。この時代になると兵士の料理も手の込んだものになるようです。苛《か》烈《れつ》な戦いに疲れた兵士たちが、このスープで体を癒《い》やしたかもしれません。勉強や仕事で疲れたとき、そんなことを思い浮かべながら飲んでみると、より味わい深く感じられるはずです。

≈5≈ライネヴェーバー・クーヘン

ライネヴェーバー・クーヘンは、ルール工業地帯があるヴェストファーレン地方ゆかりのジャガイモ入りオムレツです。安く、おいしく、栄養たっぷりで、工場で働く人びとを支えた「工場メシ」です。

「ライネヴェーバー」は織物機械、「クーヘン」は広義のケーキを指します。あのバームクーヘンの「クーヘン」です。もともとは衣料品工場や織物工場で働く労働者が、仕事の合間に食べていた料理です。そう考えると産業革命が生んだ料理といってもいいかもしれません。

レシピは、筒切りにしたジャガイモと粗く刻んだタマネギをフライパンで炒め、そこに生地となる卵、牛乳、薄力粉を溶いたものを流し込むというシンプルなものです。このオムレツを作って食べてみると、かんたん・おいしい・腹持ちがいいという三拍子そろった料理であることがわかります。現代社会で生きる私たちも、当時の工場労働者同様に、急いで食事を食べなければいけない場面に日々直面しています。エネルギー切れを起こして倒れないように、この料理で栄養補給してください。

プロイセン出身の画家メンツェルが1875年に描いた『圧延工場』には、当時の工場内の風景が描かれている。男が暗がりで容器に入った食物にかぶりつき、水かビールを飲んでいるのがわかる。ライネヴェーバー・クーヘンのような料理が食べられたのは、比較的よい職場環境だったのだろう。（画像は一部）

何事もほどほどに

世界史における食文化の中心は長らく、王や貴族といった上流階級の集まる場所にありました。しかし、本章の歴史料理はいずれも庶民階級にゆかりの深い料理です。この頃のドイツでは、ジャガイモをはじめとする新世界の野菜が定着し、さらに、産業革命によって食生活の水準が向上していました。食うや食わずだった彼らに多少の余裕ができたのでしょう。もともとあった各地方の食文化が洗練され、現代人が食べてもおいしい料理が生まれたのではないでしょうか。

それぞれの料理の背景に、市井《しせい》の人の生活が見えるのも興味深いポイントです。「フランケン風 焼きソーセージ」はりんご農家でなければこうした料理は考えつかないように思いますし、「リンゼンズッペ」は兵士の食料になったという逸話がありました。「ライネヴェーバー・クーヘン」は、繊維工場で忙しく働く労働者向けの料理で、ファストフードを連想しないではいられません。

地方色と、庶民の生活を感じさせるドラマ性を合わせ持つ19世紀ドイツ料理。もう1つ特徴を挙げれば、そのボリューム感でしょうか。食べ過ぎると大変なことになりそうで、ドイツを統一に導いたビスマルクも同様の心配をしていました。

2012年にビスマルクの肉声が録音された古い蠟《ろう》管が見つかっています。これ

アプフェルショーレ

人工的な炭酸飲料は18世紀のヨーロッパで誕生した。消しゴムの発明者でもあるイギリス人のジョセフ・プリスリーが水に炭酸ガスを飽和させる方法を発見した。温泉水など天然の炭酸水は古代から健康飲料として飲まれていた。アプフェルショーレは、ドイツに伝わるりんご果汁を使った炭酸飲料水。

【材料】
炭酸水……100㎖
りんごジュース……100㎖

はエジソンの弟子が録音したもので、そのなかでビスマルクは息子にこんな「遺言」を残しています。

仕事や飲食でもそうだが、何事もほどほどにしておけ。

暴飲暴食で知られたビスマルクの言葉とは思えませんが、自身の食生活を（多少は）反省していたのでしょう。彼は医者の力を借りてダイエットにも挑戦しています。ドイツ統一後は地方の料理を食べる機会も増えたはずですから、もしかすると、ビスマルクは本章で紹介したようなおいしい地方料理を食べ過ぎて苦しみ、こうした後悔の念が出てきたのかもしれません。

再現料理といわれなければ気づかないほど美味な19世紀ドイツ料理。カロリーはやや高めですから、くれぐれも食べ過ぎには注意してください。ビスマルクの「ほどほどに」という言葉を心に留めて。

おわりに

5000年のオリエント・ヨーロッパの歴史を、食とともに一気に探検してきました。古いレシピなのに斬新な味つけがあったり、意外な食材の組み合わせがあったりと、歴史料理の奥深さを感じていただけたかと思います。

この本は歴史再現料理プロジェクト「音食紀行」の成果をまとめたものです。ちょっと長くなりますが、「音食紀行」についてかんたんに説明させてください。

きっかけは、2011年の海外旅行直前のトラブルでした。インド旅行を計画していたのですが、手違いにより2週間の休みができてしまいました。暇を持て余した私は、前々から気になっていたブログ記事「スペイン人が教える簡単パエリア」を作ってみることにしました。

レシピを読み、材料をそろえ、手を動かし、食べてみる。たったそれだけのことなのですが、サフランの黄金色や海鮮の食欲を誘う香り、ブイヨンの濃厚な味わいを感じるうち、太陽がまぶしいスペインの景色が見え、陽気な人びとの声が聞こえたような気持ちになりました。不思議なことですが、食事を通して「ここ」ではないどこかを訪れたような感覚が降ってきたのです。

この日以降、週末は料理にあてる時間になり、世界各国の料理を作ってはSNS

にアップするようになりました。

そうして1年が過ぎた頃、ある夢を見ました。

私は中世に生きる貴族として、ある屋敷の饗宴に参加していました。贅《ぜい》の限りを尽《つ》くした料理、かたわらで楽器を奏でる楽師、音楽にのって踊る客人、夜通し続く宴には見事な料理が途切れなく出されました。

1600年代のイギリス宮廷と音楽について卒業論文を書いていた大学時代、まったく同じ夢を見ていました。自分でも古楽器を演奏し、古い時代には思い入れがあったためでしょう。ただし今回は「夢を見て終わり」では我慢できなくなっていました。

「この夢を現実のものにしたい。中世やルネサンス宮廷で開かれていた華やかな饗宴を開催したい！」

こんな思いが私の頭をいっぱいにしました。

そうと決まれば実行あるのみ。必要なのは音楽と料理です。音楽は、プロの演奏家たちにおまかせし、料理は自分で再現することにしました。それまでは海外の料理を作ることで国境を飛び越えてきましたが、今度は時代をさかのぼることになりました。イベントのタイトルは、「音」楽と「食」事で時代旅行と世界旅行をいっぺんに擬似体験する、というコンセプトから「音食紀行」と名づけました。

当初は、個人的に好きだった中世、ルネサンス期をテーマにしていましたが、SNSを通じてたくさんのアイデアがよせられるようになり、さらに世界が広がっていきました。古代メソポタミア、古代ローマ、革命前後のフランス、ドイツ帝国……。いつのまにかオリエント・ヨーロッパの5000年を旅するのに十分なテーマが集まっていました。

イベントをしばらく重ねた頃、歴史料理の再現が古楽の演奏と似ていることに気づきました。

古楽では、楽譜に残された（ときには不完全な）情報をもとに演奏します。本来は、作曲者の意図や当時の楽器の再現も含めた「完全な再現」を目指す音楽ジャンルでしたが、最近では自由な解釈で現代の観客が楽しんでくれることも重視するようになっています。そうしたトレンドの変化の背景には、「音楽は聴いてくれる人がいて成り立つ」という原則があるように思います。

料理も然《しか》りです。つまり、いま、食べてくれる人がいてこそではないか、と。

このことに気づいて以来、プロの料理人でも歴史学者でもない私にとっての「理想の再現料理」は、古楽の精神を食に置き換えたような「今の人が食べておいしい再現料理」に定まりました。お客様からのフィードバックや料理人のアドバイスをもらい、よりおいしさを追求するようになりました。

イベントスタートから4年。ついに念願の本を刊行することとなりました。これまでの成果を本の形にすることができたことをとてもうれしく思います。
執筆の準備として、それぞれの時代の食環境や価値観、そしてその味を調べなおすことになりました。知れば知るほど、食への思いや悩みは時代を超えた普遍的なものであると考えるようになりました。食を通して、昔の人と対話をしているような体験をしたように思えます。

レシピ製作や執筆の際には各方面に多大なるご協力を賜りました。特に、イベントの参加者や専門家の方々にはご意見やアドバイス、励ましの声をいただきました。ここに感謝を申し上げる次第です。

食は人と切り離すことはできません。料理はどんな時代にあっても、人びとの生活や願いを映し出す鏡のような役割をもっています。故《ふる》きを温《たず》ねて新たな世界を知れば、個性豊かな食の世界、そして懸命に時代を生き抜いた人間たちの姿が見えてきます。そんな体験を皆様に提供できたなら、著者としてこれに勝る喜びはありません。

さて、饗宴もそろそろお開きです。ほかの地域・時代の興味深い料理はまだまだたくさんあります。ふたたび皆様と食の時間旅行をできる日を想像しながら、心沸き立つ新たな料理をたっぷりと取りそろえておきます。

それでは、また逢う日まで！

2017年6月　音食紀行　遠藤雅司

主な参照文献

『食の歴史（1）〜（3）』
J・L・フランドラン、M・モンタナーリ著／宮原信、北代美和子監訳　藤原書店

『美食の歴史』
アントニー・ローリー著／富樫瓔子訳　創元社

『食の文化史 ― 生態・民族学的素描』
ジャック・バロー著／山内昶訳　筑摩書房

『ペルシア王は「天ぷら」がお好き？ ― 味と語源でたどる食の人類史』
ダン・ジュラフスキー著／小野木明恵訳　早川書房

1章 ギルガメシュの計らい（古代メソポタミア）

『ギルガメシュ叙事詩』
月本昭男訳　岩波書店

『最古の料理』
ジャン・ボテロ著／松島英子訳　法政大学出版局

『メソポタミア文明』
ジャン・ボッテロ、マリ＝ジョゼフ・ステーヴ著／高野優訳／矢島文夫監修　創元社

『バビロニア ― われらの文明の始まり』
ジャン・ボッテロ著／南条郁子訳／松本健監修　創元社

2章 ソクラテスの腹ごしらえ（古代ギリシャ）

『ホメロス オデュッセイア 上下』
ホメロス著／松平千秋訳　岩波書店

『プルタルコス英雄伝 上中下』
プルタルコス著／村川堅太郎訳　筑摩書房

『古代ギリシア・ローマの料理とレシピ』
アンドリュー・ドルビー、サリー・グレインジャー著／今川香代子訳　丸善
※3章でも参照

『ホメーロスの諸神讃歌』
ホメーロス著／沓掛良彦訳　筑摩書房

『食卓の賢人たち（1）〜（5）』
アテナイオス著／柳沼重剛訳　京都大学学術出版会

『ソークラテースの思い出』
クセノフォーン著／佐々木理訳　岩波書店

Apicius（『アピキウスの料理帖』）, Tr.Christopher Grocock, Ed.Sally Grainger (Prospect Books)
※3章でも参照

3章 カエサルの祝宴（古代ローマ）

『ガリア戦記』
カエサル著／近山金次訳　岩波書店

『古代ローマの調理ノート』
アピキウス原典／千石玲子訳　小学館

『シーザーの晩餐 ― 西洋古代飲食綺譚』
塚田孝雄著　時事通信社

『古代ローマの食卓』
パトリック・ファース著／目羅公和訳　東洋書林

『古代ローマの饗宴』
エウジェニア・S・P・リコッティ／武谷なおみ訳　講談社

4章 リチャード3世の愉しみ（中世イングランド）

『リチャード三世』
シェイクスピア著／木下順二訳　岩波書店

『中世の饗宴 ― ヨーロッパ中世と食の文化』
マドレーヌ・P・コズマン著／加藤恭子、平野加代子訳　原書房

『中世貴族の華麗な食卓 ― 69のおいしいレシピー』
マドレーヌ・P・コズマン著／加藤恭子、和田敦子訳　原書房

『中世の食生活 ― 断食と宴』
ブリジット・アン・ヘニッシュ著／藤原保明訳　法政大学出版局

The Forme of Cury（『料理の方法』）, Webサイト「Medieval and Renaissance Food: Sources, Recipes, and Articles」http://www.pbm.com/~lindahl/foc（2017年6月30日閲覧）

Ibn Razin at-Tugibi, **Fadālat al-Jiwān fī tayyibāt al-ta'ām wa-l-alwān**, Webサイト「The Jolly Duke Tavern」http://www.jollyduke.com/lentils--guiso-de-lentejas.html（2017年6月30日閲覧）

Marx Rumpolt, **Ein New Kochbuch,** Webサイト「Medieval Cuisine」http://www.medievalcuisine.com/Euriol/recipe-index/koeel-ruben（２０１７年６月30日閲覧）

Le Ménagier de Paris, Webサイト「Medeval Cookery」http://www.medievalcookery.com/search/autodoc.html?menag:391（２０１７年６月30日閲覧）

5章 レオナルド・ダ・ヴィンチの厨房（ルネサンス期イタリア）

『レオナルド・ダ・ヴィンチの手記 上下』
レオナルド・ダ・ヴィンチ著／杉浦明平訳　岩波書店

『世界の食文化(15)イタリア』
池上俊一著／石毛直道監修　農山漁村文化協会

『ルネサンス 料理の饗宴 ―ダ・ヴィンチの厨房から』
デイヴ・デ・ウィット著／富岡由美、須川綾子訳　原書房

『レオナルド・ダ・ヴィンチの食卓』
渡辺怜子著　岩波書店

『王妃カトリーヌ・ド・メディチ』
桐生操著　ベネッセコーポレーション

Platina's on Right Pleasure and Good Health(『真の喜びと健康について』), Ed&Tr.Mary Ella Milham (Pegasus Press)

THE OPERA OF BARTOLOMEO SCAPPI (1570)(『オペラ』), Tr.Terence Scully (University of Tronto Press)

6章 マリー・アントワネットの日常（フランス・ブルボン朝）

7章 ユーゴーのごちそう会（フランス・ナポレオン時代）

『レ・ミゼラブル(1)〜(5)』
ヴィクトール・ユゴー著／西永良成訳　筑摩書房

映画『レ・ミゼラブル』（２０１２年公開）
ヴィクトル・ユーゴー原作／トム・フーパー監督／石田泰子字幕翻訳

『世界の食文化(16)フランス』
北山晴一著／石毛直道監修　農山漁村文化協会

『フランス食卓史』
レイモン・オリヴェ著／角田鞠訳　人文書院

『フランス料理の歴史』
マグロンヌ・トゥーサン＝サマ著／太田佐絵子訳　原書房

『食べるフランス史 ―19世紀の貴族と庶民の食卓』
ジャン・ポール・アロン著／佐藤悦子訳　人文書院

『フランス美食の世界』
鈴木謙一著　世界文化社

『ヴィクトール・ユゴー ―詩と愛と革命 上下』
アンドレ・モロワ著／辻昶、横山正二訳　新潮社

8章 ビスマルクの遺言（プロイセン&ドイツ帝国）

『ビスマルク―白色革命家』
ロタール・ガル著／大内宏一訳　創文社

『西洋事物起原(1)〜(4)』
ヨハン・ベックマン著／特許庁内技術史研究会訳　岩波書店

『世界の食文化(18)ドイツ』
南直人著／石毛直道監修　農山漁村文化協会

『〈食〉から読み解くドイツ近代史』
南直人著　ミネルヴァ書房

『ビスマルク ―ドイツ帝国を築いた政治外交術』
飯田洋介著　中央公論新社

SPECIAL THANKS

1章　松島英子（メソポタミア研究者）
2章　増井洋介（東洋大学大学院修了）
3章　小堀馨子（帝京科学大学准教授）
4章　繻鳳花（西洋中世史民俗研究家）
　　　永田斉子（リュート奏者）
5章　古川萌（東京藝術大学客員研究員）
　　　崎野晴子（料理研究家）
6・7章　関根敏子（音楽学者）
　　　赤塚健太郎（成城大学准教授）
8章　飯田洋介（岡山大学准教授）
　　　山之内克子（神戸市外国語大学教授）
レシピ　青木幹太（Co-Lab銀座）

索引

材料別INDEX

パン・小麦粉・小麦粉製品

遠藤雅司 Masashi Endo

歴史料理研究家。1980年生まれ。
国際基督教大学教養学部人文科学科音楽専攻卒業。卒業論文は『J.ダウランドの音楽と生涯』。2013年より世界各国の歴史料理を再現するプロジェクト「音食紀行」を開催。趣味はクラシックギター、バロックギター、リュート、チェンバロの演奏。

ウェブページ http://onshokukiko.com/wpd1/
Twitter https://twitter.com/onshokukiko

STAFF

撮影 久保田狐庵
スタイリング さとうやすこ（花と古道具urikke）
デザイン 細山田光宣＋南彩乃
（細山田デザイン事務所）

歴《れき》メシ！
世《せ》界《かい》の歴《れき》史《し》料《りょう》理《り》をおいしく食《た》べる

2017年8月10日 第1刷発行
2021年6月25日 第5刷発行

著者 遠《えん》藤《どう》雅《まさ》司《し》（音食紀行）
発行者 富澤凡子
発行所 柏書房株式会社
〒113-0033
東京都文京区本郷2-15-13
☎（03）3830-1891［営業］
（03）3830-1894［編集］

DTP 髙井愛（株式会社グライド）
印刷 萩原印刷株式会社
製本 株式会社ブックアート

ISBN978-4-7601-4878-3